Franziska Bauer

Für Aug' und Ohr
Märchen und Erzählungen
zum Schmökern und Vortragen

für altkluge Knirpse
und alternde Kindsköpfe

Illustrationen:
Gabriele Bina
Anna Freudenthaler
Elena Terziyska
pixabay.com

Druck: MyMorawa, Großebersdorf
© 2022 Franziska Bauer
Vertrieb: E. Weber Verlag,
www.eweber.at ISBN 978-3-85253-773-3

Danksagung

All diejenigen, die – wie ich – gerne an Schreibwettbewerben und Ausschreibungen teilnehmen, darf es nicht wundern, wenn ihre literarischen Erzeugnisse, da auf etliche Zeitschriften und Anthologien verteilt, für die werte Leserschaft eigentlich nie so recht geifbar sind. Um hier Abhilfe zu schaffen, habe ich zehn meiner Märchen und fünfundzwanzig meiner Kurzgeschichten im vorliegenden Erzählband zusammengefasst und mit entsprechenden Illustrationen ausgestattet. Dabei haben mich die von mir bewunderten und geschätzen Künstlerinnen Gabriele Bina, DI Anna Freudenthaler und Elena Terziyska tatkräftig unterstützt, wofür ich mich ausdrücklich bedanken möchte.

Realisiert werden konnte das Buchprojekt aber letztendlich nur durch die freundliche und sachkundige Unterstützung meines Schulbuchverlegers Mag. Walter Weber, der mir auch hilft, in den zeitlichen Freiräumen der Pension meine literarischen Ambitionen auszuleben. Auch ihm an dieser Stelle ein herzliches Dankeschön!

Viel Spaß beim Lesen wünscht
Franziska Bauer

Märchen

1. Das Märchen vom Anders-Sein-Dürfen 7
2. Das Märchen von Prinzessin Rotschopf und Junker Frohgemuth 15
3. Das Märchen vom Glücklichsein 23
4. Das Märchen vom Fisch, der einen Berg bestieg 31
5. Das Märchen vom Reisen und Zuhausebleiben 37
6. Das Märchen vom letzten Hemd 41
7. Das Märchen von der überschießenden Liebe zum Turmbau 45
8. Das Märchen von der schönsten Rose 49
9. Das Märchen von den drei Wünschen 55
10. Poem vom Messer mit dem Silbergriff 59

Erzählungen

1. Kathi und die Königin 65
2. Der Zimmerahorn 69
3. Das Wunderei 75

4. Osterhase abzugeben	79
5. Paulchen und der Weihnachtsbaum	83
6. Lohnender Umweg	89
7. Ebenholz und Elfenbein	93
8. Geschichte von der Hexe, die keine war	97
9. Feldspat, Quarz und Glimmer	103
10. Alpha und Omega	109
11. Post molestam senectutem	117
12. Das Duell	125
13. Tussastop	133
14. Dreamteam	137
15. Tinnitus	143
16. Wer nicht hören will	149
17. Da Capo	153
18. Schon welkt dein Herbst dem Alter zu	157
19. Belladonna	173
20. Wer sich die Musik erkiest	185
21. Spazza	195
22. Wolfsichtung	201
23. Amena ist ein schöner Name	211
24. Alphakurs	217
25. Der Weg, die Wahrheit und das Leben	233

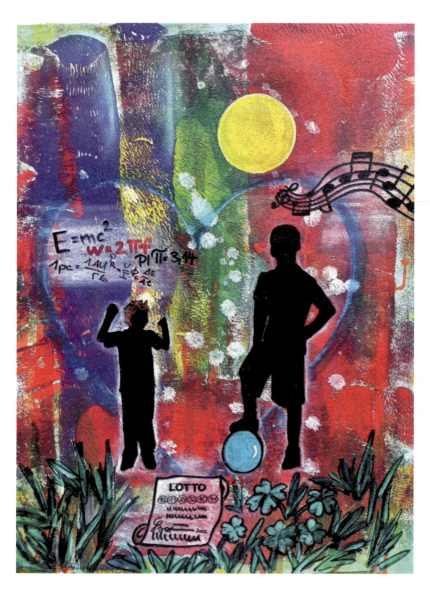

Gabriele Bina 2022

1. Das Märchen vom Anders-Sein-Dürfen

Gegen den Strom schwimmt es sich schwer, und der vorstehende Pflasterstein nützt sich am schnellsten ab. Was Wunder, wenn viele es vorziehen, nicht allzu sehr durch Andersartigkeit aufzufallen. Wer tut, was alle tun, und denkt, wie alle denken, kann sich sicher fühlen, denn Gewohntes wird gemeinhin ohne viel Kopfzerbrechen als recht und billig erachtet. Zwar unterliegen die Vorstellungen von Recht und Billigkeit einem gewissen Wandel, aber der verläuft so schleichend, dass er kaum bewusst wahrgenommen wird. Also hält sich die gerade vorherrschende Norm für absolut, duldet kein Abweichen und wacht gnadenlos über die Einhaltung der festgeschriebenen Spielregeln. Lebensentwürfe, ja selbst Äußerlichkeiten, die diesen Spielregeln widersprechen, stoßen auf Ablehnung und führen vielfach zu schmerzhafter Ausgrenzung. Es sei denn, man findet irgendwo Unterstützung …

Paul Klein wurde in eine liebevolle Familie hineingeboren. Es war eine Familie, die seine Talente nach Kräften förderte. Der lebhafte und kluge Knabe machte seinen Eltern viel Freude, bis er im Alter von zwölf Jahren, gerade, als der Stimmbruch einsetzte, mit einem Male aufhörte zu wachsen. So viele Ärzte und Spezialisten seine Eltern auch um Rat und Hilfe baten – Paul blieb, wie er war, und er war mit einer Körpergröße von einem Meter dreißig befremdlich klein geraten.

Im Nachbarhaus hingegen verhielten sich die Dinge völlig anders, wenn nicht geradezu gegenläufig. Was Paul an Längenwachstum vermissen ließ, bot der rothaarige Nachbarsbub Magnus Lang in überreichem Maße. Er schoss auf wie ein Pilz im Mairegen, erreichte noch als Schüler die

Zweimetermarke, um dann noch weitere dreißig Zentimeter zu wachsen, sodass er Paul an dessen einundzwanzigstem Geburtstag um genau einen Meter überragte. Das tat ihrer Verbundenheit aber keinerlei Abbruch, im Gegenteil: Der mehr als augenfällige Größenunterschied zwischen Paul und Magnus erwies sich nicht als etwas Trennendes, sodern vielmehr als etwas, das die beiden ungleichen Nachbarsbuben letztendlich zueinander führte.

Da sie gleich alt waren, gingen sie auch in dieselbe Schule und saßen zudem in derselben Klasse. Zwar hatte Paul ganz vorne zu sitzen und Magnus ganz hinten, aber in den Pausen waren sie unzertrennlich. Der flinke Paul erklärte dem langsameren Magnus die Rechenbeispiele und erzählte ihm Witze, und Magnus verteidigte Paul gegen die Sticheleien der anderen Kinder. Wer es wagte, Paul auch nur scheel anzusehen, bekam es augenblicklich mit den Fäusten des Magnus zu tun, dessen wortlose Argumente so unmittelbar überzeugten, dass man Paul in Ruhe ließ. (Zu deutlich erinnerte man sich des Präzedenzfalles, wo es jemandem etliche blaue Flecke eintrug, als er Magnus wegen seiner radial abstehenden roten Haarpracht leichtsinnig mit Pumuckl verglich). Paul war zudem taktisch so geschickt, dass er auch die anderen Kinder an seinen Scherzen teilhaben ließ, ja, er entwickelte sich im Laufe der Zeit zum echten Komödianten, und man gewann ihn allseits lieb. Magnus seinerseits begann alsbald, sich auch für andere Kinder, die gehänselt wurden, einzusetzen, und wurde nach und nach für Ungerechtigkeiten aller Art sensibilisiert, gegen die er konsequent und ohne Zaudern anging. Dies trug ihm neben dem Respekt allmählich auch die Zuneigung seiner Mitschülerinnen und Mitschüler ein.

Später, am Gymnasium, (Paul und Magnus besuchten auch hier dieselbe Klasse) wiederholte sich das schon in der Volksschule durchlebte Szenario: Magnus erstickte jegliche Aufsässigkeit der Kinder Paul und sich selbst gegenüber bereits im Keime, und Paul nutzte seinen ausgeprägten Sinn für Humor, um sich Freunde zu machen. Und beide entdeckten eine neue Leidenschaft für sich – die Musik. Sie wechselten gemeinsam in eine Musikklasse und taten sich mehrfach im Schulchor hervor, sodass man ihnen schließlich auch Solostellen anvertraute. Man riet ihnen, Klavierunterricht zu nehmen, und bald spielten sie in den Pausen zum Gaudium aller vierhändig auf dem Pianino, das in ihrer Klasse stand. Als Paul begann, zwischen den Musikstücken auch noch selbsterdachte Schnurren zu deklamieren, war das ungleiche Paar bald in aller Munde. Keine Geburtstagsfeier, zu der sie nicht eingeladen waren, kein Schulfest, bei dem sie nicht auftraten. Mit einem Wort, es wurde Zeit für einen griffigen Künstlernamen.

Beide zerbrachen sich geraume Zeit fruchlos den Kopf, wie sie ihr Zwei-Mann-Ensemble nennen sollten, doch als sie im Literaturkundeunterricht Hauffs Kunstmärchen vom kleinen Muck lasen, kam ihnen die kühne Idee, sich fürderhin „Muck und Pumuckl" zu nennen. In einer Art Vorwärtsverteidigung hatten sie ihre körperliche Andersartigkeit kurzerhand zum Markenzeichen, ja zum Gütesiegel erklärt, und siehe da, der Name zog und war bald in aller Munde. Ihre Auftritte wurden immer versierter und trugen ihnen viel Applaus, leider aber kein Geld ein.

Überhaupt – der Schulabschluss nahte und allmählich waren Paul und Magnus gefordert, eine Berufswahl zu treffen. Das Musizieren und die Kleinkunst waren zwar ihr liebstes

Steckenpferd, aber bei weitem keine Marktnische, sondern leider ein vielbestelltes Feld. Magnus legte sich trotzdem bald auf die Musik fest, und so inskribierte auch Paul an der Musik-Uni, allerdings eher aus Solidarität zu Magnus als aus echter Überzeugung. Das Zauberstöckchen aus Hauffs Märchen, das dem kleinen Muck verborgene Schätze anzeigte, ging Paul lange nicht aus dem Sinn, das hätten er und sein Freund Magnus jetzt gut gebrauchen können. Die Zauberpantoffeln, die Muck schnell an jeden gewünschten Ort trugen, schienen Paul im Zeitalter der Billigflüge und der virtuellen Präsenz an jedem Punkt der der Erde via Internet verzichtbar. Und wozu Zauberfeigen zur Bestrafung Übelwollender, wenn man sich durch Hirnschmalz, Humor und Körperkraft selbst Ruhe verschaffen konnte? Aber so ein Zauberstöckchen hätte was, es würde einem schnell zu Wohlstand verhelfen, und dann könnte man lustig drauflosmusizieren, ohne sich ums Geld kümmern zu müssen. Unsinn, da war es ja wahrscheinlicher, in der Lotterie den Haupttreffer zu machen, als zufällig auf einen Schatz zu stoßen, wo es doch gar keine magischen Stöckchen gab, die man bei der Schatzsuche hätte einsetzen können!

Und da war sie, die Idee. Zufällig einen Schatz zu finden, war höchst unwahrscheinlich, wenn nicht überhaupt unmöglich. Aber in der Lotterie existierte sie, die Wahrscheinlichkeit, einen Haupttreffer zu machen. Und Wahrscheinlichkeiten konnte man berechnen. Und Mathematik war schon immer Pauls Stärke gewesen. Also entschloss sich Paul, auch Mathematik zu studieren.

Es dauerte nicht lange, und Paul hatte sich zu einem anerkannten Spezialisten auf dem Gebiet der Wahrscheinlichkeitsrechnung gemausert, der in wissenschaftlichen

Fachzeitschriften publizierte. In einem allerdings hielt er sich bedeckt – im Veröffentlichen von Algorithmen, die die Wahrscheinlichkeit von gewinnträchtigen Zahlenkombinationen eingrenzbarer und berechenbarer machten.

Als er vermeinte, den Algorithmus gefunden zu haben, wartete er einen Fünffachjackpot ab, kratzte alle seine Ersparnisse zusammen und kaufte damit so viele Lottoscheine, als er sich nur leisten konnte. Kopfschüttelnd sah ihm Magnus dabei zu, wie er akribisch und mit Sorgfalt die errechneten Zahlenkombinationen in die Tippscheine eintrug, voller Konzentration und mehrfach überprüfend, ob sie mit seinen Listen auch übereinstimmten. Denn Magnus war natürlich eingeweiht, ohne allerdings daran zu glauben, dass der Versuch gelingen könnte.

„Glaubst du wirklich, du machst den Solosechser?"

„Morgen nach der Ziehung werden wir es wissen", meinte Paul, und brach zur nächsten Trafik auf, um die Scheine abzugeben.

„Und wenn nicht?" hakte Magnus nach.

„Dann freut sich ein anderer, aber den Versuch ist es mir wert! Nur wer wagt, gewinnt!"

Paul wagte – und gewann! Magnus konnte kaum glauben, dass Paul von einem Moment auf den anderen Lottomillionär geworden war. Nach einem lauten Jauchzer nebst kurzem Freudentanz legte Paul den Finger an die Lippen und sagte:

„Lieber Magnus, jetzt haben wir ausgesorgt. Den Gewinn teilen wir uns, aber wir reden nicht darüber, die anderen würden ja doch bloß neidisch werden. Schon das Anders-Sein-Dürfen haben wir uns hart erarbeiten müssen, aber den schnell erlangten Reichtum würden uns viele wohl niemals verzeihen. Jetzt können wir bis an unser Lebensende tun, was uns gefällt. Anders sein, musizieren, uns des Daseins freuen …"

Sie hatten jetzt alles, was der Mensch zum Glücklichsein braucht: Liebende Eltern, den Rückhalt einer unverbrüchlichen Lebensfreundschaft, den Applaus und die Bewunderung ihres Publikums, und jetzt auch noch ein dickes Bankkonto, das sie bleibend aller Geldprobleme enthob.

Halt, fehlte da nicht noch etwas? Richtig, was jedem von ihnen fehlte, war die Frau fürs Leben. Nur Geduld, nicht alles auf einmal, hübsch eins nach dem anderen! Wie heißt es so schön? Wer suchet, der findet. Und sie fanden. Paul fand eine Braut, die fast so klein war wie er, und Magnus fand eine Herzallerliebste, die nicht ganz so groß war wie er. Die eine spielte wunderschön auf der Querflöte, die andere beherrschte meisterhaft die Geige. Sie ließen es sich nicht nehmen, den Festgästen zu ihrer eigenen Hochzeit (natürlich war es eine Doppelhochzeit) aufzuspielen. Tanzen gingen sie dann später in die Disco.

Also alles in Butter, wie man zu sagen pflegt. Das Märchen vom Anders-Sein-Dürfen war für Paul und Magnus wahr geworden. Und wenn sie nicht gestorben sind, so leben und musizieren sie noch heute, und zwar glücklich und zufrieden im Kreise ihrer Lieben, und keineswegs als verbitterte Sonderlinge wie seinerzeit der kleine Muck. Glücklich und zufrieden leben sie, so sehr sie sich auch von allen anderen unterscheiden mögen. Was auch ihr gutes Recht ist. Denn Anders-Sein ist völlig legitim, auch wenn viele das nicht gleich verstehen wollen oder können.

2. Das Märchen von Prinzessin Rotschopf und Junker Frohgemuth oder wie ein Junker zum Prinzen wurde

Es war einmal ein alter König, der herrschte in einem kleinen, aber schönen und friedlichen Land. Wobei er aber nicht der eigentliche Herrscher war, denn nach dem Willen seines Volkes war sein Land eine Demokratie geworden. Weil aber sein Volk an ihm hing und sich die sündteuren und oft endlosen Präsidentschaftswahlen ersparen wollte, tat er das, was in anderen Ländern gewählte Präsidenten tun: Er machte Staatsbesuche und unterzeichnete die Gesetze, die das Volk im Parlament beschließen ließ. Und nach ihm würde dies seine Tochter, die Prinzessin, tun, denn sie war sein einziges Kind. Damit war er auch ganz zufrieden.

Was ihm und der Königin aber große Sorgen bereitete, war, dass die Prinzessin keine Anstalten machte zu heiraten. Wer aber sollte dann nach ihr das Königsamt übernehmen, wenn sie keine Kinder hatte? Diese Frage quälte den König. Der Königin ging es dabei jedoch mehr um das Lebensglück der Prinzessin als um die Amtsnachfolge. Sie war mit dem alten König immer sehr glücklich gewesen und wünschte auch ihrer Tochter, dass sie endlich die wahre Liebe erleben möge.

Prinzessin Rotschopf aber war ein gebranntes Kind. Sie war mit einem jungen Grafen verlobt gewesen, der ihr wahrscheinlich nur deswegen den Hof gemacht hatte, weil er sich eine Krone erheiraten wollte. Er hatte ihr so lange schöne Augen gemacht und jeden Tag einen Strauß roter Rosen gebracht, bis sie sich bis über beide Ohren in ihn verliebt hatte. Dann allerdings fing er an, an ihr herumzumäkeln – einmal waren ihm ihre Schuhe zu flach, dann war ihm ihr Rock zu lang, dann meinte er, ihr

Busen sei zu klein und ihre Stirn zu niedrig. Es machte sie nachdenklich, als er sich beklagte, ihr Lachen sei zu laut. Als er schließlich verlangte, sie möge ihr wunderschönes rotes Haar, auf das sie besonders stolz war, doch lieber schwarz färben lassen, kam sie wieder zur Besinnung, die Verliebtheit verflog, und sie jagte den Grafen zum Teufel. Auf die wahre Liebe würde sie wohl noch warten müssen.

Als sie an einem schönen Maientag ihren roten Haarschopf wieder einmal alleine im Park spazieren trug und seufzend den händchenhaltenden Liebespaaren nachsah, flatterte eine Ringeltaube herbei, setzte sich auf ihre Schulter und gurrte:

> Gu-guh-gu! Gu-guh!
> Prinzessin, hör zu!
> Dein Glück findest du,
> den Liebsten dazu!

Bevor die Prinzessin noch nachfragen konnte, wann und wo denn das sein werde, hatte sich die Ringeltaube schon wieder in die Lüfte erhoben. Und noch ehe die Prinzessin ihr Staunen über den sprechenden Vogel überwunden hatte, fiel ihr überraschter Blick – ihr werdet es kaum glauben – auf ein ausgewachsenes Krokodil, das mit vor Zähnen starrendem Maul und unheimlich stierenden Augen des Weges dahergekrochen kam, geradewegs auf sie zu. Was tun, wohin fliehen? Die Prinzessin sprang auf eine Parkbank und schrie aus Leibeskräften:

„Zu Hilfe, zu Hilfe, so helft mir doch!"

Dabei fiel ihr ein, dass sie gelesen hatte, Krokodile könnten zum Sonnenbaden sogar auf Bäume klettern, und dann fiel ihr ein, dass der Tiergarten ja gleich neben dem Park lag. Das Krokodil musste irgendwie von dort ausgerissen sein. Und das Krokodil kroch näher und näher, unaufhaltsam und unbeirrbar.

Und da, plötzlich, Rettung aus höchster Not! Prinzessin Rotschopf sah einen jungen Mann herbeistürzen. Er trug Turnschuhe und eine Trainingshose und war im Park laufen gewesen.

Er warf sich kurzentschlossen auf das Krokodil und klammerte sich an dessen Rücken fest. „Schnell! Bringen Sie mir ihren Schal, damit wir dem Krokodil das Maul zubinden können!", keuchte der junge Mann. Die Prinzessin tat einen Sprung von ihrer Parkbank und kam ihrem Retter zu Hilfe. Mit vereinten Kräften schnürten sie dem Krokodil das Maul zu. Dann setzten sie sich beide rittlings auf das Krokodil, und da saßen sie nun wie auf einem Pferd mit zu kurz geratenen Beinen. Dann sagte der junge Mann vergnügt:

„Gott zum Gruße, liebe Dame,
Junker Frohgemuth mein Name!"

Dann wollte er wissen, mit wem er die Ehre hätte. Als Prinzessin Rotschopf ihm ihren Namen nannte, sagte er: „Nomen est omen, der Name sagt alles. So schönes rotes Haar sieht man nicht alle Tage." Das alles konnte er ihr aber nur ins Ohr sagen, denn er saß ja hinter ihr auf dem Krokodil und sah sie deshalb auch nur von hinten. Deshalb sah er auch nicht ihr erfreutes Lächeln, und in ihren Kopf sah er erst recht nicht hinein. Ihr war gerade wieder eingefallen, was die Ringeltaube ihr vorgegurrt hatte. So sagte sie also gewogen: „Wenn der Name alles sagt, heißt das dann, dass Sie immer frohen Mutes sind?" Und der Junker antwortete:

„Ja, man sagt, ich sei ein lustiger Geselle."

Dann schwiegen sie ein Weilchen und lehnen sich ein wenig aneinander, denn sie mussten ja das Krokodil zu Boden drücken, und es wurde ihnen ganz eigenartig wohl zumute, obwohl sie auf einem Krokodil saßen.

Schließlich kamen zwei Kinder, ein Bub und ein Mädchen, vorbei und wunderten sich sehr, eine Prinzessin und einen Junker auf einem Krokodil vorzufinden. „Mensch, das glaubt uns keiner!", sagte das Mädchen. „Das müssen sie euch aber glauben! Lauft bitte in den Tiergarten und sagt, wir haben ein Krokodil gefangen und halten es fest, bis jemand kommt und es abholt." Und die Kinder liefen zum Zoo und richteten alles brav aus. Man glaubte ihnen sofort, denn die Zoowärter suchten das Krokodil bereits überall. Sofort rückten sie mit einer Karre und Stricken aus, um das Krokodil zu holen.

Mittlerweile hatte die Prinzessin dem Junker schon das Duwort angeboten – beim Händeschütteln mussten sie sich zwar ein wenig verrenken, aber schließlich fanden sich ihre Hände über der linken Schulter der Prinzessin, schon halb hinter ihrem Rücken. Aufstehen konnten sie ja erst, nachem die Zoowärter endlich dahergekommen waren. Da waren dem Junker und der Prinzessin aber schon halb die Beine eingeschlafen, und sie mussten sich noch ein wenig auf die Parkbank setzen und beide Beine ausschütteln, damit das Blut wieder ungehindert durch die Adern fließen konnte. Sie sahen zu, wie die Zoowärter das strampelnde Krokodil auf die Karre schoben und mit einem

Strick festbanden. Mit einem anderen Strick banden sie dem Krokodil das Maul zu, damit die Prinzessin ihren Schal zurückbekam. Als die Zoowärter samt ihrem Krokodil endlich die Rückfahrt in den Tiergarten antraten, fanden der Junker und die Prinzessin endlich Zeit, sich ins Gesicht und in die Augen zu schauen. Und das taten sie ausgiebig und lange, und es wurde ihnen ganz warm ums Herz dabei. Schließlich geleitete der Junker die Prinzessin nach Hause zum Schloss. Nicht auszudenken, wer noch alles aus dem Zoo ausbüchsen und der Prinzessin auflauern könnte, Tiger, Löwen, Bären, Wölfe!

Der König und die Königin schlugen vor Verwunderung die Hände zusammen, als sie vom unfreiwilligen Ritt auf dem Krokodil erfuhren.

„Na, das wird Schlagzeilen geben!", feixte der König.

Die Königin aber lud den Junker zu einer Heldenehrung am nächsten Sonntag im Schloss mit Festgelage und Tafelmusik ein, was der Prinzessin ausgesprochen recht war und auch dem zu ehrenden Junker sichtlich Freude bereitete. Als der Junker nach Hause gegangen war, dämmerte auch dem König, dass da etwas im Busch war.

„Wahre Liebe? Heirat? Enkelkinder? Amtsnachfolger?", fragte er hoffnungsfroh.

„Wenn es nach der Ringeltaube geht, ja!", lächelte die Prinzessin. Und die Königin sagte:

„Du erhebst ihn nächsten Sonntag bei der Heldenehrung natürlich in den Adelsstand." Der König nickte. Den Sinn fürs

Praktische hatte er an seiner Frau, der Königin, schon immer bewundert.

Was die Schlagzeilen in den Zeitungen betraf, hatte der König fürs Erste recht behalten. Es rauschte gewaltig im Blätterwald. Einige Artikel informierten seriös, doch andere hätten reißerischer und widersprüchlicher nicht sein können, was manche Leser und Leserinnen bewog, sie als postfaktisch zu bezeichnen. „Prinzessin von Krokodil attackiert", las man da in den Tageszeitungen, und „Jogger verhindert Ende der Monarchie", oder „Neuer Spleen der Prinzessin: Krokodil als Reittier". Die Frauenblätter schürften tiefer und mutmaßten „Ritt ins Gück auf Alligator" und „Zoo inszeniert Stelldichein für Prinzessin", daneben gab es herbe Kritik am Geschehenen im Tierschützerblatt mit Titelzeilen wie „Skandalöse Zustände im Städtischen Tiergarten – Krokodile unbeaufsichtigt" und „Herzlose Oberschichtler quälen zufällig vorbeikommendes Krokodil." Als dann der Termin für die königliche Hochzeit schließlich feststand, waren die Modejournale eifrig am Spekulieren: „Wer wird die Königin behüten – Gerüchte über den Rücktritt des königlichen Hutmachers" oder „Hochzeitsrobe von Lacoste?" und „Hofdamenstreit: Wer wird die Schleppe tragen?" Den letztgenannten Konflikt löste die Prinzessin übrigens dadurch, dass sie sich letztendlich für ein Hochzeitskleid ohne Schleppe entschied.

Überhaupt war die Hochzeit von Prinzessin Rotschopf und Prinz Frohgemuth ein wahres Volksfest, das ganze Land feierte mit, gemeinsam mit Touristen und Touristinnen aus allen Ecken und Enden der Welt, mit Gästen, die gekommen waren, um die Hochzeit mitzuerleben. Es war d a s Jahrhundertereignis, darüber waren sich ausnahmsweise auch einmal sämtliche

Medien einig, mit Zuschauerzahlen, die jeden amerikanischen Präsidenten, der sich an seine Inauguration erinnert, zum Erblassen bringen müssen.

Die Prinzessin und der Prinz aber lassen es sich aus schierer Sentimentalität nicht nehmen, jedes Jahr am Hochzeitstag das Krokodil – ihr Krokodil – im Städtischen Tiergarten zu besuchen und sich um sein Wohlergehen zu kümmern. Und wenn sie nicht gestorben sind, so leben sie noch heute, samt besagtem Krokodil, dem eigentlichen Stifter ihres gemeinsamen Glückes.

Elena Terziyska: Pferdeporträt 2017

3. Das Märchen vom Glücklichsein

Es war einmal eine alte Frau, die lebte in einem kleinen Haus am Waldrand. Ganz allein lebte sie da, denn ihr Mann war schon gestorben, und ihre Kinder waren in die weite Welt hinausgezogen, um ihr eigenes Leben zu führen. Der alten Frau mangelte es an nichts, Speisekammer und Geldbörse waren voll, sie war kerngesund, aber ihr Herz war traurig, weil niemand sie zu brauchen schien.

Als sie eines Abends auf ihrer Gartenbank saß und betrübt zum Wald hinaufsah, trat zwischen den Bäumen ein weißes Pferd hervor und tänzelte ihr leise wiehernd entgegen. Staunend bemerkte die Frau, dass das Pferd ein Horn auf der Stirn trug. Ein Einhorn war zu ihr gekommen!

Nun ist es aber so, dass nicht alle Menschen ein Einhorn sehen können, sondern nur jene, die sich ein reines Herz bewahrt haben. Und ein reines Herz musste sie wohl haben, sonst hätte sie statt eines Einhorns nur ein stinknomales Pferd gesehen – wie viele andere stinknormale Menschen, denen das reine Herz im Laufe ihres Lebens abhanden gekommen war.

Das Einhorn schnaubte leise und schüttelte seine Mähne. Die alte Frau hielt ihm auf der flachen Hand den Apfel entgegen, den sie hatte essen wollen, und das Einhorn nahm ihn erfreut entgegen. Mit weichen Lippen hob es ihn vom Handteller der alten Frau. Wie das kitzelte! Die alte Frau musste lachen, wie sie schon lange nicht mehr gelacht hatte. Auch das Einhorn war vergnügt, denn der Apfel schmeckte ihm. Nachdem es den Apfel gefressen und seinen Kopf dankbar an der Schulter der alten Frau gerieben hatte, drehte es sich um und ging wieder in den Wald hinein. „Komm wieder!", rief die alte Frau ihm nach, und das Einhorn schüttelte seine weiße Mähne, als ob es ja sagen würde.

Am nächsten Tag hatte die alte Frau so gute Laune, dass sie plötzlich Lust dazu verspürte, einen Kuchen zu backen, fast, als ob sie geahnt hätte, dass Besuch kommen würde. Denn siehe da, kaum war der Kuchen auf dem Tisch, klopfte es an der Tür. Draußen stand die Nachbarin mit ihrem Töchterchen. Die alte Frau bat die beiden ins Haus und bewirtete sie mit Tee und Kuchen. Ob sie ihrer Tochter Anna helfen könne, fragte seufzend die Nachbarin. Anna sei ein wenig langsam von Begriff und brauche jemanden, der mit ihr lerne und die Hausaufgaben mache. Sie selbst, meinte die Nachbarin, sei dazu nicht kundig genug, aber die alte Frau sei so belesen und verständig, dass sie sicher mit der kleinen Anna umzugehen wüsste. Die alte Frau freute sich, dass sie gebraucht wurde, und erklärte sich sofort bereit, der Nachbarstochter zu helfen. Gleich an diesem Abend solle Anna kommen und ihren Schulranzen mit allen Heften und Büchern mitbringen.

Und so kam es, dass die alte Frau am Abend mit Anna auf der Gartenterrasse saß, die dem Wald zugewandt war. Während Anna ihre Schulsachen ausbreitete, bewunderte die alte Frau Annas Lesefibel und lobte ihre schöne Handschrift. Ob sie gemeinsam aus dieser Fibel laut vorlesen sollten, fragte die alte Frau. Anna jeweils den ersten Absatz, schön langsam, so lange sie eben brauche, und sie, die alte Frau, könnte dann rasch die beiden Seiten fertiglesen, damit was weiterginge, bis zum Umblättern, dann wäre wieder Anna mit dem Lesen an der Reihe. Anna gefiel der Vorschlag. Und siehe da, in der Fibel war eine Geschichte über ein Einhorn und all die Wunder, die es vollbringen konnte. Anna buchstabierte sich neugierig durch den ersten Absatz, und die alte Frau las wie ausgemacht auf den beiden folgenden Seiten weiter. Dass Einhörner sehr selten seien, hieß es da, und dass es Glück brächte, eines zu sehen. Anna hörte aufmerksam zu. Plötzlich holte sie tief Atem.

„Da, ein Einhorn!", stieß die kleine Anna hervor, und zeigte mit dem ausgestreckten Arm auf den nahen Waldrand. Und, wie schon am Vortag, trat das weiße Einhorn aus dem Wald heraus und kam sich einen Apfel holen. Die alte Frau freute sich nicht nur, dass das Einhorn wiedergekommen war, sondern auch darüber, dass Anna es sehen konnte.

„Das Einhorn holt sich seinen Apfel. Möchtest du ihm den Apfel geben?", fragte die alte Frau. Anna wollte. Das Einhorn nahm mit weichen Lippen den Apfel von Annas hingerecktem Handteller.

„Das kitzelt!", lachte sie, und das Einhorn wieherte amüsiert und fraß genüsslich den Apfel. Danach schüttelte es seine Mähne und trottete gemächlich in den Wald zurück.

„Das glaubt mir kein Mensch, wenn ich das morgen in der Schule erzähle", hauchte Anna.

„Dann schreiben wir es lieber auf!", schlug die alte Frau vor. Und Anna nahm ihr Heft und begann, eine Einhorngeschichte aufzuschreiben. Das dauerte zwar ein Weilchen, aber es machte Anna mächtig Spaß, und die alte Frau war ja da, um ihr zu helfen, wenn sie nicht weiterwusste.

„Kannst stolz auf deine Geschichte sein. Die wird deiner Lehrerin und den anderen Kindern sicher gefallen", meinte die alte Frau, als Anna fertig war und ihr Heft zuklappte. Anna strahlte.

„Darf ich morgen wiederkommen?", fragte Anna.

„Natürlich, du musst mir ja erzählen, wie es in der Schule war", lächelte die alte Frau. Anna machte sich zufrieden auf den Nachhauseweg, und die alte Frau sah ihr ebenso zufrieden nach. Wie schön es war, gebraucht zu werden, und wie sehr sie die Gesellschaft der kleinen Anna genossen hatte!

Am nächsten Abend kam Anna freudenstrahlend bei der Tür herein, diesmal in Begleitung ihrer Mutter, die ebenfalls vor Freude strahlte.

„Die Lehrerin hat mich gelobt! Sie hat meine Geschichte in der Klasse laut vorgelesen!", jubelte Anna.

„Ich kann mich gar nicht genug bei Ihnen bedanken, das erste Mal seit langer Zeit, dass Anna lachend aus der Schule zurückgekommen ist. Wie haben sie das nur geschafft?", meinte die Nachbarin.

Der alten Frau lachte das Herz. Sie bat ihre Besucherinnen auf die Gartenterrasse. Kaum hatten sie sich gesetzt, raschelte es im Gezweig des nahen Waldes und das Einhorn erschien vor den Bäumen.

„So ein schöner Schimmel! Wem gehört denn der?", staunte die Nachbarin. „War der gestern auch schon da? Daher also die schöne Geschichte vom Einhorn? Es geht doch nichts über die kindliche Fantasie!"

Anna sah die alte Frau an, die sich beeilte, ihr unmerklich zuzuzwinkern.

„Er kommt sich nur seinen Apfel holen", sagte die alte Frau schnell und reichte ihn der Nachbarin, die die Frucht dem vermeintlichen Schimmel auf der ausgestreckten Handfläche anbot.

„Ah, das kitzelt!", quietschte die Nachbarin. Das verkannte Einhorn schielte sie missbilligend an, während es den Apfel zerbiss. Es hatte den Anschein von etwas Endgültigem, als das Fabeltier wie zum Abschiedsgruß zweimal kurz Kopf und Mähne schüttelte, einmal in Richtung Anna, dann in Richtung der alten Frau, und sich sodann eilig auf den Rückweg in den Wald machte.

„So ein schönes Pferd! Aber ich habe noch zu tun. Wollte mich nur bei Ihnen bedanken. Darf Anna noch bleiben? Sie hätte das kleine Einmaleins zu üben, morgen ist ein Multiplizierwettbewerb Buben gegen Mädchen angesagt!", ließ die Nachbarin im Weggehen verlauten.

„Ja, heute werden wir das Einmaleins üben", versprach die alte Frau, während sie der Nachbarin nachwinkte.

Anna sah die alte Frau mit großen Augen an. „Mama hat das Horn nicht gesehen", meinte sie nachdenklich.

„Das sehen nur Kinder und Erwachsene, die sich ein kindliches Herz bewahrt haben. Ich hoffe, ich bin dir nicht zu kindisch?", wollte die alte Frau wissen.

Da lächelte Anna: „Weil Sie so sind, wie Sie sind, verstehen wir uns so gut." Und dann übten sie das Einmaleins, und wer zehn Fragen richtig beantwortete, bekam ein Stück Schokolade.

Als sie fertiggeübt hatten und das Einmaleins richtig gut saß, fragte Anna mit vollen Schokoladebacken: „Wird das Einhorn wiederkommen?"

„Wir werden sehen, Anna. Vielleicht wird es anderswo gebraucht. Es gibt viel zu viele unglückliche Menschen auf der Welt. Wir dürfen nicht unbescheiden sein, uns hat es schon Glück gebracht. Mir ist eigentlich viel wichtiger, dass du wiederkommst, Anna. Dann bin ich nicht mehr so allein."

Wie heißt es so schön? Aller guten Dinge sind drei, und dreimal war das wundersame Einhorn bei der alten Frau gewesen. Für sie hatte sich der Traum vom Glücklichsein erfüllt, jetzt, wo sie wusste, dass sie gebraucht wurde.

Das Einhorn aber wurde tatsächlich anderswo gebraucht. Es versuchte, das Märchen vom Glücklichsein auch für andere von Trauer Geplagte wahr werden zu lassen, so gut es eben ging. Auch, wenn manche nur ein simples Pferd in ihm sahen, ein wenig Glück fiel doch für sie ab, sobald das Einhorn irgendwo auftauchte.

Wahrscheinlich können deshalb auch die meisten Menschen Pferde so gut leiden.

4. Das Märchen vom Fisch, der einen Berg bestieg

Es war einmal ein kleiner Bub, Pauli hieß er, und, weil aller guten Dinge drei sind, hatte er drei Haustiere: einen Goldfisch im Gartenteich, ein flügellahmes Wildentenerpelchen in einem kleinen Entenstall und einen kurzbeinigen Dackel, der eigentlich seiner Oma gehörte. Denn Paulchen wohnte wochentags bei seiner Oma, die viel Zeit für ihn hatte, und nur samstags und sonntags bei seinen Eltern, da hatten sie nämlich frei und mussten nicht arbeiten gehen. Seine Eltern meinten, die Oma verwöhne ihn zu sehr, aber Paulchen gefiel es, dass sie ihm jeden Wunsch von den Augen ablas, und er hielt große Stücke auf sie. Weil sie sich beim Gehen schon schwertat, nahm er ihr viele Wege ab – lief in den Keller um die Kartoffeln, holte die Post aus dem Briefkasten, führte den Dackel Gassi und half seiner Oma beim Einkaufen, indem er von Regal zu Regal flitzte und alles Gewünschte herbeitrug. Autofahren konnte sie noch, aber beim Gehen brauchte sie einen Stock, weil ein Knie nicht mehr so recht wollte. Sie brachte ihn morgens zur Schule und holte ihn nachmittags von dort wieder ab.

Paul ging gerne zur Schule, fast ein Jahr schon, und die Frau Lehrerin hatte ihm und den anderen Kindern bereits das Lesen und Schreiben beigebracht. Deshalb musste Oma ihren Enkelsohn einmal pro Woche zur Stadtbibliothek bringen, von wo Pauli säckeweise Bücher zum Auto schleppte, um sie zu Hause zu lesen. Seine Oma sah es mit Wohlgefallen.

„Lesen beflügelt die Fantasie!", meinte Oma. „Unsere heutige Welt krankt an der Fantasielosigkeit, viel zu viele sind viel zu nüchtern und haben es verlernt, Lösungen für die einfachsten

Dinge zu finden, von den großen Problemen erst gar nicht zu reden."

Kein Wunder, dass Paul viel und lebhaft träumte. All die Märchen und Geschichten, die er las, befügelten seine Vorstellungskraft bis in seinen Schlaf, und während seiner Traumreisen mischte sich das Bekannte, Alltägliche mit dem Sonderbaren, noch nie Dagewesenen. Beim Frühstück vor der Schule erzählte er oft noch schnell die buntesten seiner Träume der lieben Großmutter, denn allzu lange durfte er damit nicht zuwarten, sonst entglitten ihm die Traumbilder wieder. Wie gewonnen, so zerronnen, Träume sind etwas leicht Flüchtiges, so viel konnte Paul nun schon aus eigener Erfahrung sagen.

Eines Nachts träumte Pauli von seinem handzahmen Goldfisch. Als er ihn fütterte, sah Paul, dass den Goldfisch offenbar etwas bedrückte.

„Was macht dich traurig, lieber Goldfisch?", fragte er ihn. Der Fisch ließ drei Luftblasen aufsteigen und antwortete:

„An schönen Tagen sehe ich hier vom Teichwasser aus die Berge. Ach, wie gerne würde ich einmal einen Berg besteigen! Aber erstens habe ich keine Beine und zweitens kann ich mit meinen Kiemen nur im Wasser atmen."

„Als mein Flügel noch heil war, bin ich einige Male über Berge geflogen. Wie schön die Berge sind! Da komme ich nun wohl auch nie mehr hin!", schnatterte bedauernd das Erpelchen, das herbeigewatschelt war und gehört hatte, wonach sich der Goldfisch sehnte.

„Ich war schon einmal auf dem Großglockner. Da kann man mit dem Auto hinauffahren. Auch schon lange her, da war deine Oma noch besser zu Fuß, und ich auch", brummelte der alte Dackel durch seine Zähne und gähnte so laut, dass Paulchen aufwachte. Beim Frühstück erzählte er Oma von seinem Traum und von der seltsamen Sehnsucht des handzahmen Goldfisches.

„Dein Fisch möchte also einen Berg besteigen? Und das Erpelchen und der Dackel würden gern mitkommen? Da werden wir uns wohl etwas überlegen müssen. Fahren wir einmal in die Schule, bis ich dich abhole, sind wir hoffentlich schon einer Lösung näher", sagte Oma mit ernstem Gesicht. Nur an ihren Augen sah Paul, dass sie nicht weit von einem gewogenen Lächeln entfernt war. Ihr würde sicher etwas einfallen, da war sich Paul sicher.

Nach der Schule wartete Oma schon im Auto.

„Überraschung!", sagte sie mit funkelnden Augen. Sie öffnete die Klappe zum Kofferraum und ließ Paulchen hineinspähen. Dort saßen der alte Dackel und das leise quakende Erpelchen, und daneben stand ein Kübel. Im Kübel, damit sie ja nicht umfallen konnte, stand eine mit Teichwasser gefüllte dickbauchige Blumenvase aus durchsichtigem Glas, die fast so aussah wie ein altmodisches Goldfischglas.

In der Vase schwamm der Goldfisch und fächelte sachte mit den Flossen. Paulchen war sprachlos.

„Und jetzt fahren wir mit dem Auto zum nächstbesten Berg, das ist der Glorietteberg, gleich oberhalb der Stadt. Dort gibt es ein

Restaurant mit einer Terrasse, von der man eine grandiose Aussicht ins Land hat, da kann sich dein Goldfisch sattsehen. Dort werden wir zu Mittag essen, das wird dir sicher auch gefallen."

Und wie es Paulchen gefiel! Das Wetter hätte besser nicht sein können, Oma parkte ganz nahe beim Restaurant, Paulchen trug vorsichtig, ganz vorsichtig den Kübel mit der Vase und dem Fisch, Oma, auf ihren Gehstock gestützt, trug die Tasche, in der das Erpelchen saß, und der Dackel zottelte an seiner Leine hintennach. Sie setzten sich an den vordersten Tisch der Terrasse, von wo man am weitesten über die Stadt hinausblicken konnte. Paulchen und seine Oma stellten behutsam die Goldfischvase auf den Tisch, das Erpelchen setzten sie auf einen Sessel, und der Dackel machte es sich unter dem Tisch bequem. Selbst von dort aus hatte er einen guten Blick auf die Landschaft.

„Nun hat dein Fisch mit unserer Hilfe doch tatsächlich einen Berg bestiegen. Es gibt zwar höhere Berge als diesen, aber für einen Goldfisch muss es reichen. Und das Erpelchen und der Dackel sehen auch recht zufrieden aus", lächelte Oma.

Oma aß eine Gulyaschsuppe, Paulchen ein Schoko-Omelett mit Erdbeersauce, der Goldfisch bekam ein paar Fischflocken, das Erpelchen fraß seine Maiskörner und der Dackel kaute vergnügt an seiner Hundewurst.

„Wenn du willst, fahren wir dann noch ein Stück höher zur Jubiläumswarte, die ist auf 355 Metern Seehöhe, da kann man gefahrlos hinaufsteigen, das schaffe sogar ich, aber die Tiere bleiben im Kofferraum, sonst fällt uns noch die Vase hinunter, einverstanden?", schlug Oma vor. Und so machten sie es dann auch.

„Danke, Oma, das war ein wunderschöner Ausflug, du hast dem Goldfisch einen Herzenswunsch erfüllt", sagte Paulchen, als sie wieder zu Hause ankamen und den Goldfisch samt dem Wasser aus der Vase in den Teich zurückschütteten, wo er vergnügt im Kreis schwamm. Voller Stolz, wie es Paulchen schien. Er hatte ja jetzt einen Berg bestiegen.

Ja, wie Paulchens Oma immer zu sagen pflegte, mit ein bisschen Fantasie und Erfindungsgeist kann man mitunter sogar Märchen wahr werden lassen. Und wenn sie nicht gestorben sind, so leben sie noch heute, Paulchen, seine Oma, der Goldfisch mit den Bergsteigergelüsten, das flügellahme Erpelchen und der kurzbeinige Dackel.

Anna Freudenthaler: Vom Reisen und Zuhausebleiben 2022

5. Das Märchen vom Reisen und Zuhausebleiben

Hinter dem Haus, an einem ruhigen, sonnigen Platz, türmte sich ein prachtvoller, aus roten Ziegeln aufgemauerter Komposthaufen. Dort hinein schütteten die Hausleute ihre Küchenabfälle, dürres Laub und abgemähtes Gras, und das alles wurde nach und nach zu duftender, lockerer Erde. Nicht von selbst, versteht sich, sondern durch das Zutun vieler kleiner Lebewesen wie Asseln, Springschwänze und Regenwürmer. Besser gesagt, durch deren Appetit. Denn all den kleinen Tierchen bot der Komposthaufen ein immerwährendes Festmahl, voller Delikatessen und Leckereien, und es ließ sich dort in Saus und Braus leben.

Neben dem Komposthaufen wuchs ein Sommerfliederstrauch, der seine Wurzeln zielstrebig unter den Komposthaufen gesteckt hatte und sich, so gesehen, auch von ihm ernährte. Der Sommerflieder wiederum zog Schmetterlinge an wie ein Magnet die Eisennägel. So kam es, dass aus einem winzigen Ei, das eine Schmetterlingsmutter auf ein Blatt des Sommerflieders gelegt hatte, schließlich eine kleine grüne Raupe kroch. Als die Sonne unterging und sie sich an seinen Blättern sattgefressen hatte, bemerkte sie, dass sie mutterseelenallein war. Wie gerne hätte sie einen Freund gehabt!

Da sah sie, wie ein kleiner Regenwurm unter einem Salatblatt hervorkroch, den die Hausleute in den Komposthaufen geworfen hatten.

„Hallo! Ich bin eine Raupe. Und wer bist du?", fragte sie erfreut.

„Ich bin ein Regenwurm, nett, dich kennenzulernen. Wollen wir miteinander plaudern und ein wenig miteinander spielen?", fragte der Regenwurm.

Und das taten sie. Die Raupe war zwar grün und der Regenwurm rot, aber die wurmartige Gestalt hatten sie gemeinsam, und deshalb fassten sie auch leicht Vertrauen zueinander. Sie trafen sich ab jetzt allabendlich, denn tagsüber waren sie mit dem Fressen beschäftigt, und dem Regenwurm tat das Sonnenlicht nicht gut. Sie erzählten sich, dass sie beide aus einem Ei geschlüpft waren, was sie am liebsten fraßen und wie sie ihr künftiges Leben verbringen wollten. Das Ei als ihren Ursprung hatten sie gemeinsam, ihr Speisezettel aber wies Unterschiede auf (die Raupe liebte frische Blätter, der Regenwurm schwärmte für leicht verrottete), was aber ihre Zukunftspläne betraf, wären sie bald ins Streiten geraten. Die Raupe zog es hinaus in die weite Welt, sie träumte vom Fliegen in der gleißenden Himmelsbläue, der Regenwurm aber fürchtete das Sonnenlicht, liebte seinen schattigen Komposthaufen über alles und hielt rein gar nichts vom Reisen. Zu Hause sei es am schönsten, meinte er, und davon konnte ihn die Raupe nicht abbringen. Seufzend zog sie sich auf einen Zweig zurück, verpuppte sich und war bis auf Weiteres für den Regenwurm nicht mehr zu sprechen.

Da wurde der Regenwurm ganz traurig und suchte bei seinen Eltern Rat, was er denn tun könne, um seine Freundin, die Raupe, wieder zu versöhnen. Sie erklärten ihm, dass sich die Raupe nicht aus Ärger über ihn verpuppt habe, sondern weil sie es müsse, damit sie zum Schmetterling reifen könne. Schmetterlinge seien eben für das Fliegen und Reisen geschaffen, genauso, wie Regenwürmer für das Graben im heimatlichen Komposthaufen. Wenn es soweit sei, würde sie sicher wieder mit ihm sprechen und spielen, und sie würde ihm Dinge erzählen können, die ein Regenwurm in seinem Komposthaufen nie zu sehen bekäme.

Und wirklich, nach einigen Wochen sah der Regenwurm eines Abends, dass die Hülle, in der sich die Raupe verpuppt hatte, aufbrach, und heraus kroch – ein leuchtend gelber Zitronenfalter!

Und sie blieben die besten Freunde bis an ihr Lebensende, auch, wenn der Zitronenfalter mit Begeisterung umherreiste und der Regenwurm liebend gerne zu Hause blieb.

Gabriele Bina: Friedensengel

6. Das Märchen vom letzten Hemd

Es war einmal ein alter Mann, der schon so lange auf dieser Welt gewesen war, dass er alle seine Freunde und Verwandten, sogar Weib und Kind, überlebt hatte. Er gab sich alle Mühe, neue Freundschaften zu knüpfen, aber wer interessiert sich schon für einen alten Mann, der auf den ersten Blick langweilig erscheinen mag, obwohl er auf ein an Erlebnissen reiches und erfülltes Dasein zurückblicken kann und viel zu erzählen hätte?

Wobei er nicht undankbar sein durfte, hatte ihn ja das Leben trotz aller Fährnisse und erlittenen Verluste eigentlich überreichlich beschenkt. Er hatte mitweben dürfen am bunten Bildteppich des Seins, einer unter vielen, war ein Tropfen gewesen im reichen Strom des Lebens, war mitgeflossen, mitgeströmt. Anstrengend war es gewesen, aber auch schön, berauschend schön zuweilen, vom ersten Schritt zum ersten Wort, vom Aufblühen des Bewusstseins, vom Lernen durch Versuch und Irrtum, vom Wachsen der eigenen Erkenntnisfähigkeit, vom inneren Triumph beim erfolgreichen Überwinden auftauchender Hindernisse, vom Erfahren menschlicher Zuwendung bis zur Ekstase der ersten Umarmung, vom Geborgensein in liebender Zweisamkeit bis zum bewussten Zeugungsakt als Stabübergabe im Staffelllauf des menschlichen Seins. In Erinnerungen schwelgend, blätterte er vergilbte Fotoalben durch, denn mehr als diese Erinnerungen war ihm nicht geblieben.

Die Einsamkeit machte ihn zusehends betrübter, und verdrießliche Gedanken gingen ihm durch den Kopf. Wer brauchte ihn noch, wozu war er überhaupt noch nütze, was konnte er noch für seine Mitmenschen tun? Wohin war seine

Wirkmacht entschwunden? Welche Spur würde er hinterlassen im Buch der Menschheitsgeschichte? Aus dem Nichts, mit nichts am Leibe war er in diese Welt geboren worden, und mit nichts als dem letzten Hemd, das bekanntlich keine Taschen hat, würde er die Welt verlassen, wie alle Menschen vor ihm und nach ihm, so reich und mächtig sie zu Lebzeiten auch gewesen sein mochten.

Alles, was er besaß, was er in seinem bisherigen Leben um sich angesammelt und aufgehäuft hatte, würde er auf seinen letzten Weg nicht mitnehmen können. So gesehen, hatten seine gesamten Besitztümer für ihn eigentlich keinerlei Wert mehr.

Aber andere würden all die Dinge, für die er keine Verwendung mehr hatte, auf ihrem Lebensweg noch brauchen und schätzen können und sich seiner als edlen Spender vielleicht noch ein Weilchen erinnern.

Deshalb begann der alte Mann, seinen gesamten Besitz zu verschenken. Die Geige bekam der Nachbarsbub, der sie immer mit sehnsüchtigen Augen betrachtet hatte, wenn ihm der alte Mann darauf vorspielte. Die Bücher karrte er in die städtische Bibliothek, wo sie inventarisiert und der Allgemeinheit zugänglich gemacht wurden. Sein Haus vermachte er notariell einer Wohltätigkeitsorganisation, die es mit Ablauf des Jahres zu einem Freizeitzentrum für Kinder und Jugendliche umgestalten würde.

Da er nun also sein Erbe bestellt, mit allem abgeschlossen hatte und rein gar nichts mehr besaß außer diesem einen letzten Hemd, setzte er sich am Abend des Tages, an dem er beim

Notar gewesen war, in ungeduldiger Erwartung des Knochenmannes auf eine Bank vor dem Haus. Genug ist genug, dachte er. Ihn, den Tod, den er Zeit seines Lebens gefürchtet, ja gehasst hatte, wünschte der alte Mann jetzt inbrünstig herbei. Aber, wie es im Märchen nun einmal so ist, sollte es ganz anders kommen.

Als sich die Nacht vollends herabgesenkt hatte und der Mond still und feierlich vom Himmel leuchtete, umkränzt von stummen, aber dafür um so eifriger funkelnden Sternen, vermeinte der alte Mann ein leises Flügelrauschen hinter sich zu hören. Er wandte sich zur Seite und nahm ein ungewisses, seltsam dunkles Strahlen wahr, das an Kraft zunahm und zu einer luftigen Wolke wurde, durchsetzt von winzigen Lichtpunkten, die ihn wie Glühwürmchen umschwebten. Der alte Mann rieb sich die Augen und blinzelte ins Nachtdunkel. Da sah er, wie die Lichtpunkte sich zu einer etwa mannshohen Figur verdichteten, deutlich sichtbar zwar, aber irgendwie substanzlos, die eigenartig körperlose Manifestation von etwas eindeutig Engelhaftem, das ihn mit seinen Schwingen umfächelte.

„Komm," ertönte es aus dem Mund des Engels, „steh auf von deiner Bank und flieg mit mir, an einen Ort jenseits von Raum und Zeit." Und staunend spürte der alte Mann, wie aus seinen Schulterblättern Flügel wuchsen, durch sein Totenhemd hindurch, spürte, wie ihn der Engel bei der Hand nahm, sich mit ihm in die Lüfte erhob und mit sich nahm.

Und da sie ganz eindeutig nicht gestorben sind, so leben sie wohl noch heute, an ebendiesem entrückten Ort jenseits von Raum und Zeit.

Anna Freudenthaler: Scary Tale 2021

7. Das Märchen von der überschießenden Liebe zum Turmbau

Es war einmal ein kleines Städtchen, in dem geschickte und ehrgeizige Baumeister wohnten, deren Spezialität es war, Türme zu bauen. Der missglückte Turmbau zu Babel war ihnen zwar bekannt, aber mittlerweile wussten sie, dass der Himmel viel zu weit weg war, als dass man ihn je mit einem Turm hätte kitzeln können, und deshalb tat der alttestamentarische Fehlversuch ihrer Liebe zum Turmbau keinen Abbruch. Türme waren einfach schön und sie waren in vielfacher Hinsicht ja auch nützlich, darin waren sich die Turmbaumeister einig. Was wären beispielsweise Kirchen gewesen ohne ihre Glockentürme, was hätte die Zeit besser anzeigen können als weithin sichtbare Uhrtürme, was hätte Wanderern einen besseren Blick ins Land gewährt als Aussichtstürme?

Dank der Rührigkeit der Turmbaumeister wuchsen also allerorten schmucke Türme empor, die offensichtlich so sehr für sich sprachen, dass die Nachfrage nach ihnen enorm stieg. Bald wollten alle, die auf sich hielten, so einen Turm ihr Eigen nennen, um dann, erhoben über die Niederungen des Daseins, in ihren luftigen Turmzimmern zu schwelgen und stolz auf das Alltagsgewimmel ihrer Mitmenschen hinabzublicken.

Die Abgehobenheit vom Alltäglichen schien aber nicht allen gutzutun. Wie heißt es so schön? Je höher man emporsteigt, umso tiefer kann man fallen. So kam es, erst vereinzelt und dann häufiger, vor, dass Menschen von ihren Türmen stürzten, obwohl die Turmbaumeister alle Fenster mit stabilen Geländern versehen hatten. Sollte die Höhenluft die Turmbewohner so sehr verwirrt haben, dass sie vermeinten,

Vögel zu sein und fliegen zu können? Oder sollte das zu lange Verweilen in Einsamkeit sie dazu bewogen haben, ihr Leben willentlich wegzuwerfen?

Auch den Gelehrten tat die selbstgewählte Isolation in ihren Turmzimmern nicht gut. So konnten sie dort zwar in aller Ruhe und völlig ungestört nachdenken und ihre Theorien fortspinnen, aber sie vergaßen durch diese Selbstüberhöhung, wie man sich den nicht ganz so gelehrten Sterblichen verständlich macht, und ihre Forschungen blieben wirkungslos.

Zudem verfielen einige auf ausgesprochen krude Ideen, was man mit Türmen noch alles anfangen könnte. Tyrannische Väter sperrten ihre Töchter in Türme, um sie vor unliebsamen Freiern zu verstecken, was den Absatz von Haarwuchsmitteln und Strickleitern erheblich steigerte. Gläubiger sperrten ihre Schuldner in Schuldtürme, und die armen Habenichtse kamen erst frei, wenn sich Verwandte oder Freunde ihrer erbarmten und die ausstehenden Schulden für sie beglichen. Misstrauische Generäle ließen dicke Stadtmauern mit Wehrtürmen und Schießscharten errichten, um etwaige feindliche Heere abzuhalten, obwohl landein-landaus Frieden herrschte. Da aber Türme nach wie vor heiß begehrt und hoch in Mode waren, gingen die Stadtväter dazu über, sämtliche niedrigen Häuser abreißen und durch hohe Wolkenkratzer ersetzen zu lassen, in denen die Leute wohnen sollten. Für Bäume und Wiesen war dann leider kein Platz mehr, weshalb die Stadt mehr und mehr einer Steinwüste ähnelte und die Stadtleute nicht glücklich, sondern trübsinnig machte.

Unter den Turmbaumeistern setzte allmählich Köpfekratzen ein. Hatten sie etwa zuviel des Guten getan? Als sie um sich blickten, wurde ihnen bewusst, dass Türme in dem Ausmaß ihre Besonderheit verlieren, als ihre Häufigkeit anwächst. So war es letztendlich ihre grenzenlose Liebe zum Turmbau gewesen, die ihrem allzu eifrigen Wirken Grenzen gesetzt hatte.

Und da sie noch nicht gestorben sind, sondern heute noch leben, widmen sie sich jetzt wichtigeren Projekten – dem Vorantreiben von Bodenentsiegelung und der Planung von Flachbauten und Stadtgärten.

8. Das Märchen von der schönsten Rose

Es war einmal ein winziges Königreich, dessen König allmählich zu alt zum Regieren wurde. Er hatte eine Tochter im heiratsfähigen Alter, aber Rosalinde – so hieß sie – hatte bisher keinerlei Anstalten gemacht, an etwaige Prinzen auf Brautschau auch nur den geringsten Gedanken zu verschwenden. Das einzige, was ihr so richtig am Herzen lag, war ihr Rosengarten.

„Rosalinde, ich mag nicht mehr, das Regieren steht mir bis obenhin," sagte der König deshalb eines schönen Tages, „Such dir endlich einen anständigen Prinzen zum Heiraten, mit dem du dann die Regierunsgeschäfte übernehmen kannst. Alt genug bist du ja, und als Königstochter hast du ja auch gewisse Verpflichtungen."

Rosalinde seufzte, denn sie liebte ihren alten Vater sehr, mehr sogar noch als die Rosen in ihrem Garten. Sie setzte sich auf die Bank unter ihrem Lieblingsrosenbusch und dachte nach, und nachdem sie ganz ehrlich in sich gegangen war, wurde ihr bewusst, dass sie die Schönheit ihres Rosengartens eigentlich recht gerne mit einem netten Prinzen geteilt hätte, es müsste eben nur der Richtige sein. So verfiel sie auf die Idee, einen Wettstreit auszurufen, bei dem die Prinzen drei Aufgaben zu erfüllen hatten, um ihre Hand zu erhalten. Erstens müsste der Prinz sie zum Lachen bringen, zweitens müsste er für sie einen Drachen zähmen, und drittens müsste er ihr eine Rose zeigen, die schöner war als die Rosen in ihrem Rosengarten.

Schon an der ersten der drei Aufgaben scheiterten etliche stolze Prinzen aufgrund ihrer ausgeprägten Humorlosigkeit, und die zweite Aufgabe war auch nicht gerade leicht, denn früher hatten die Prinzen als Mutprobe die Drachen ja getötet anstatt sie zu zähmen, und so waren die armen Drachen fast schon ausgerottet oder doch zumindest sehr selten geworden. Zur Lösung der Rosenaufgabe kamen sie somit erst gar nicht, und Rosalinde begann schon zu erwägen, die Regeln des Wettstreits zu ändern, als ein schmucker Reiter auf einem weißen Ross auf der Schlossbrücke erschien und Eingang begehrte.

Da der Brückenwächter gerade seine Mittagspause hielt, war es Rosalinde, die die Pforte öffnete. Der Schimmel trabte schnaubend zum Tor herein und der schmucke Reiter zog ehrerbietig den federgeschmückten Hut und verneigte sich respektvoll vor der Prinzessin. Wohlerzogen, wie er war, stellte er sich mit den folgenden Worten vor:

„Gott zum Gruße, erlauchte Prinzessin. Ich bin Prinz Kunibert, und das da ist Drago, mein zahmer Drache." Und er wies mit der Hand auf einen kleinen Drachen, der auf seiner rechten Schulter saß.

Die Prinzessin musste lauthals lachen, als sie den Winzling betrachtete.

„Erste Aufgabe erfüllt," grinste Kunibert. „Gut, dass ihr lacht, aber Drago spielt alle Stücke und eigentlich verdient er es nicht, ausgelacht zu werden. Ihr werdet sehen."

Kunibert schwang sich aus dem Sattel und ging auf Rosalinde zu. Er hob Drago von seiner Schulter und ließ ihn auf seiner Hand sitzen wie ein Falkner seinen Raubvogel.

„Drago, flieg!", sagte er, und der kleine Drache blähte seinen Hals auf, sträubte seine malachitfarbenen Schuppen und erhob sich auf grünhäutigen Flügeln in die Luft, wo er eine kurze Flugrunde drehte, um dann wieder auf Kuniberts Schulter zu landen und diesen in der Hoffnung auf eine schmackhafte Belohnung erwartungsvoll anzusehen. Kunibert reichte ihm ein winziges Hackfleischbällchen, das Drago im Handumdrehen mit einem kräftigen Schmatzlaut hinunterwürgte.

„Na, na, nicht so gierig, du tust ja, als ob du schon eine Ewigkeit nichts zu Fressen bekommen hättest, was muss Prinzessin Rosalinde denn von mir denken? Dass ich dich hungern lasse?" Und zu Rosalinde: „Wollt ihr sehen, wie er Feuer speit? Diese Fertigkeit meines Drachens ist eigentlich sehr praktisch, erspart mir den Ankauf von Zündhölzern!"

Rosalinde führte den Prinzen und seinen zahmen Drachen in die große Schlosshalle, in der ein fertig eingeschlichteter Kamin stand, dessen Holzfüllung man nur mehr entzünden musste, um ihn anzuheizen.

„Zeig, dass du ein Drache bist, und gib uns Feuer", befahl Kunibert. Er hielt Drago zum sorgfältig befüllten Kamin. Man sah, wie Drago tief Luft holte, um dann eifrig Feuer zu speien, geradeso wie ein kleiner Bunsenbrenner. Offensichtlich entsprach das bestens seiner Drachennatur und machte ihm deshalb auch gewaltigen Spaß, denn seine bernsteingelben Augen funkelten nur so vor Freude. Bald brannte das Holz im Kamin lichterloh.

„Übrigens frisst Drago für sein Leben gern Blattläuse. Er könnte sich also durchaus auch im Rosengarten nützlich machen," meinte Kunibert. Also führte die staunende Prinzessin den Prinzen samt seinem zahmen Drachen in ihren Rosengarten, und während sie dem Prinzen ihre prächtigen Rosenbüsche zeigte, machte sich Drago daran, das Blattwerk akribisch nach Blattläusen abzusuchen. Sobald er eine Blattlaus sah, ließ er seine rote Zunge vorschnellen und klaubte sie Stück für Stück vom Rosenlaub ab. Der Prinzessin blieb vor Bewunderung der Mund offen stehen.

„Zweite Aufgabe erfüllt, nehme ich an?", lächelte Kunibert, und Rosalinde nickte.

„Bleibt Aufgabe Nummer drei: Zeig er mir eine Rose, die schöner ist als die Rosen in meinem Rosengarten!", lächelte Rosalinde zurück.

Da nahm Prinz Kunibert die Prinzessin an den Händen, sah ihr tief in die Augen und sagte im Brustton der Überzeugung: „Die schönste Rose in diesem Garten seid Ihr selbst, erlauchte Rosalind. Aber das wisst Ihr ja selbst, ihr braucht doch bloß in den Spiegel zu blicken."

Die Prinzessin errötete und senkte beglückt die Augen. Genau das war es gewesen, was sie hatte hören wollen.

Drago kroch aus dem Rosenlaub hervor und nahm wieder auf Kuniberts Schulter Platz, nachdem er sich an den Blattläusen sattgefressen hatte.

Nun, da Prinz Kunibert die drei von der Prinzessin gestellten Aufgaben mit Bravour erfüllt hatte, blieb Rosalind nichts übrig als ihr Versprechen einzuhalten und Kunibert zum Manne zu nehmen. Und der alte König konnte aufatmen und die Regierungs-geschäfte endlich dem jungen Brautpaar überantworten. Nun konnte endlich auch er Rosalinds Rosengarten genießen, auf deren Lieblingsbank unter dem Rosenbusch sitzen und gemeinsam mit Drago den Blattläusen zu Leibe rücken, was er viel lieber tat als zu regieren.

Die Hochzeit geriet zum prachtvollen Ereignis, wurde im Fernsehen übertragen und machte das kleine Königreich weithin bekannt. Die einzige Panne war, dass sich Drago eine Magenverstimmung zuzog, weil er sich in einem unbewachten Augenblick in seiner Gier an Fleischbällchen überfressen hatte. Ende gut, alles gut, und wenn sie nicht gestorben sind, so leben sie noch heute und genießen die Schönheit ihres Rosengartens.

9. Das Märchen von den drei Wünschen

Es lebte einst vor langer Zeit
(wie lange, weiß man nicht genau)
in einem Land, das lag ganz weit
entfernt von unsrem, eine Frau.
Nicht allzu schön, nicht allzu klug,
in allem auf sich selbst gestellt,
zum Leben hatt' sie zwar genug,
doch schien ihr einsam diese Welt.
Noch war sie zwar bei guten Kräften,
nicht mehr ganz jung, doch auch nicht alt.
Jedoch bei all ihren Geschäften
fand sie nur bei sich selber Halt.
Da trug sich's eines Tages zu
in eines Trödelmarktes Hallen,
wie sie so schlendert voller Ruh
dass ihr ein Lämpchen aufgefallen.
Sie kaufte es, denn es war schön.
Zu Hause, als sie es polierte,
erschien vor ihr im Handumdrehn
ein weiser Dschinn, was sie verwirrte.
Er sprach: „Du hast drei Wünsche frei!
Ich habe dir so lang zu dienen,
bis dass durch meine Zauberei
das, was du wünscht, vor dir erschienen.
Dann muss ins Lämpchen ich zurück,
bis dass ein neuer Herr sich findet.

Sei denn, mir widerfährt das Glück,
dass mich dein Wunsch davon entbindet."
„In diesem Lämpchen musst du hausen?",
will da die neue Herrin wissen.
„Wie lange schon?", fragt sie voll Grausen.
Der Dschinn verneigt sich dienstbeflissen:
„Schon tausend Jahre, wenn nicht mehr,
ich kann mich nicht so recht entsinnen.
Ach, Herrscherin, ich wünsch' so sehr,
die Freiheit endlich zu gewinnen.
Hab Mitleid und erlöse mich!"
„Ja, lieber Dschinn, ich wünsch dich frei.
Dein Zustand ist ja fürchterlich.
Du bist erlöst. Wunsch Nummer drei.
Nun will ich mit dir überlegen,
was ich mir sonst noch wünschen soll.
Sag, Lieber, hast du was dagegen?
Du blickst noch immer kummervoll?"
Der Dschinn seufzt auf. „Ich wünscht, ich wär'
ein Mensch wie du, mit Leib und Seele!
Doch sag, was ist denn dein Begehr?
Was ist dein größter Wunsch? Erzähle!"
Da sieht die Frau ihn traurig an.
„Ich lebe einsam, ohne Liebe.
Was ich mir wünsche, ist ein Mann,
der gern an meiner Seite bliebe."
Da lacht der Dschinn."Wenn's sonst nichts ist!
Mach du nur wahr, was ich ersehne.
Denn sieh, der Mann, den du vermisst,

der könnte ich sein, meine Schöne."
Gesagt, getan. Gewünscht – erfüllt.
Die gute Frau hält ihr Versprechen.
Indem sie seine Sehnsucht stillt,
kann er auch ihrem Wunsch entsprechen.
Und wenn sie nicht gestorben sind,
so leben beide noch bis heute.
Wer hilft, find't oft sein Glück geschwind.
Nehmt euch ein Beispiel, liebe Leute!

10. Poem vom Messer mit dem Silbergriff

Da gab es eine kluge junge Frau,
die gutes Geld im Bankgeschäft verdiente.
Zwar war sie recht erfolgreich im Beruf,
doch wirklich glücklich machte er sie nicht.

Vor lauter Zahlen schwirrte ihr der Kopf,
und es war höchste Zeit für eine Pause.
„Ich brauche dringend Urlaub," dachte sie.
„Wie wär's, wenn ich aufs Land zur Tante führe?
Sie hat ein neues Gästebett gekauft,
falls ich sie dort besuchen kommen möchte."
Gesagt, getan. Die Tante war erfreut,
als Gast die liebe Nichte zu begrüßen.
Der rote Wein zum Abendbrot war süffig,
die neue Liegestatt bequem und weich,
sodass der Schlaf die junge Frau erquickte.

Beim Frühstück hub die Tante an zu sprechen:
„Ein altbekannter Aberglaube sagt,
der erste Traum in einem neuen Bett
wird wahr. Wovon hast Du geträumt, sag an?
Wohl gar von einem schmucken künft'gen Liebsten?"

„Nein, liebe Tante," war der Nichte Antwort.
"Ich habe nicht von einem Mann geträumt.
Doch träumte mir von einer guten Fee,
die mir ein kleines Silbermesser zeigte.
'Bei diesem Messer findest Du dein Glück,
geh hin und such es!' sprach sie, und verschwand.
Den Traum vom Glück säh' gerne ich erfüllt –

wie aber wär' das Messer herzuschaffen?"

„Beschreib das Messer!", forderte die Tante.

„Ich seh das Messer deutlich noch vor mir.
Die Klinge war aus blankem Stahl gehärtet,
und Heft und Knauf, die war'n aus mattem Silber,
geschmückt mit Mondgestirn und Efeuranken."
Erbat sich von der Tante einen Stift
und zeichnete das Messer auf Papier.

„Wenn's nach dem Wort der Fee dein Glück bedeutet,
so lass ein solches Messer dir doch schmieden!
In unserm Städtchen lebt ein Schmiedemeister,
der dieses alte Handwerk noch versteht."

Der Rat der Tante schien der Frau vernünftig.
So suchte noch am selben Tag die Nichte
den Meister auf und zeigte ihm das Bild.

Der alte Mann kratzt' sich am Kopf und sprach:
„Ein solches Messer gibt es nicht zu kaufen.
Das Heft aus Silber müsste man erst gießen
in einer Sandform, die zu wirken wäre.
Dann müsste man legiertes Silber schmelzen
auf off 'ner Flamme, bis es faucht und zischt,
die Form befüllen und geduldig warten,
bis dass der Rohling auskühlt, und sodann
müsst' man den Rohling, aus der Form geschlagen,
nachdem man ihn geputzt hat und poliert,
noch zieselieren von geschickter Hand.
Ich bin dafür zu alt, hab' schwache Augen,

die Finger sind schon steif und ungelenk."
Enttäuscht vernahm die Frau des Schmiedes Worte
und wollt' betrübt sich schon zum Gehen wenden,
als leis' der Alte fortfuhr: „Wenn er mag,
kann es mein Sohn, der junge Schmied, versuchen.
Er hat bei mir die Schmiedekunst gelernt."

So ward der junge Silberschmied gerufen,
der Traum der Frau ein zweites Mal erzählt,
das Bildnis des gewünschten Stücks studiert.
Nach einem Schulterzucken sprach der Sohn:
„Soll sich der Spruch der guten Fee erfüllen,
so muss vermutlich ich das Messer schmieden,
denn ohne Messer gibt's ja wohl kein Glück!
In Wochenfrist hab' ich das Werk vollbracht!"

Und wirklich und wahrhaft, nach sieben Tagen
war das ersehnte Messer manifest:
Die Kling' aus blankem Stahl gehärtet,
mit Heft und Knauf aus zieseliertem Silber,
geschmückt mit Mondgestirn und Efeuranken.

Die junge Frau war unbeschreiblich glücklich.

Der Silberschmied jedoch war nicht nur schön,
er spielte auch ganz wundervoll die Geige.

So kam es, wie es hatte kommen müssen,
und wie die Fee im Traum vorhergesagt:
Nun, wo die junge Frau das Messer hatte,
fand prompt das Glück – wie prophezeit – sich ein.
Sie nahm den jungen Silberschmied zum Mann

und lernte selbst die Kunst des Silberschmiedens.
Die Artefakte, welche beide schufen,
die machten sie landauf, landab berühmt.

(Das Bankgeschäft – soviel sei noch gesagt –
es ging der jungen Frau nicht wirklich ab.)

ERZÄHLUNGEN

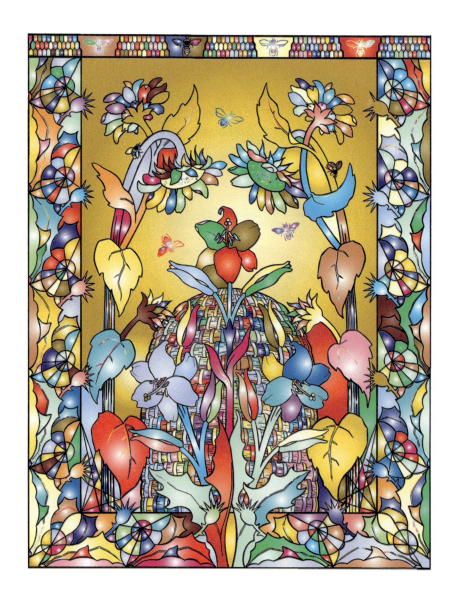

1. Kathi und die Königin

„Hast Du für mich auch einen solchen Hut?", fragte Kathi ihren Opa. Heute durfte sie ihm bei der Honigernte helfen.

„Ja, da, und steck den Saum des Schleiers unter deinem Jackenkragen fest!"

Kathi setzte den Strohhut mit der breiten Krempe auf und Opa überprüfte, ob zwischen Kathis Bienenschleier und dem Jackenausschnitt auch keine Lücke klaffte. Dann nahm er etwas zur Hand, das aussah wie eine Blechdose mit einem schrägen Ausblasrohr. Er tat eine Handvoll Hobelspäne hinein und zündete sie an. Bald quoll Rauch aus dem Rohr des Miniöfchens.

„Wozu ist der Rauch gut?", fragte Kathi.

„Die Bienen glauben, ihre Wohnung brennt, geben Feueralarm und bereiten die Flucht vor. Als Wegzehrung saugen sie sich schnell mit Honig voll. Damit sind sie so beschäftigt, dass sie gar nicht erst auf die Idee kommen, uns zu stechen. Das Ding da heißt übrigens Smoker."

Opa betätigte den kleinen Blasebalg der Rauchdose und qualmte ein wenig bei den Einfluglöchern seiner Bienenstöcke hinein.

„So, wenn ich jetzt den ersten Stock aufmache, kannst du räuchern!", sagte Opa und reichte Kathi den Smoker. Die probierte gleich einmal den Basebalg aus. Pft, pft, pft, das machte Spaß!

Opa hatte den Deckel von der ersten Bienenbehausung abgenommen. Magazinbeute nannte man das, erklärte Opa, und sie bestand aus gefalzten Holzzargen, die aussahen wie Holzkisten ohne Boden und Decke. Man konnte sie aufeinanderstapeln und ineinanderklinken. Drei Stockwerke hatten Opas Bienenbeuten. In jede dieser Zargen waren zehn Honigwaben eingehängt. Das waren rechteckige Holzdinger, die aussahen wie Bilderrahmen, und in diese Rahmen hatten die Bienen ihre Wachswaben gebaut und mit Honig befüllt. An der Oberseite stand der Holzrahmen beidseitig ein Stück vor, damit man ihn in die Zarge einhängen konnte. Opa hob Wabe um Wabe aus der Zarge und schüttelte die Bienen, die auf ihnen herumkrabbelten, ab, zurück in ihren Stock. Die Hartnäckigen, die sich nicht abschütteln ließen, kehrte er mit einem schmalen Handbesen von den Waben ab. Die sauberen Waben verstecke er eilig vor den Bienen in einer verschließbaren Transportkiste. Kathi drückte eifrig den Blasebalg und ließ Rauchwölkchen um Rauchwölkchen aufsteigen.

„Gut machst du das", lobte sie Opa.

„Wo ist eigentlich die Königin?", fragte Kathi.

„Im Brutnest, und das ist meistens in der untersten Zarge, also im Erdgeschoß des Bienenstockes, den Honig lagern die Bienen darüber. Schauen wir einmal, ob wir sie finden."

Und wirklich, auf einer Wabe in der Mitte des Brutnestes entdeckte Opa die Königin. Sie war deutlich größer als ihre Arbeiterinnen und trug ein gelbes Plättchen auf dem Rücken.

„Heuer ist die Jahresfarbe gelb. An der Farbe erkennt man, wie alt die Königin ist. Die da ist in diesem Jahr geschlüpft, deswegen habe ich ihr ein gelbes Plättchen aufgeklebt."

Neugierig besah Kathi durch ihren Bienenschleier hindurch die Bienenkönigin. „Herrscherin und Mutter von rund vierzigtausend Bienen. Nur die Königin kann Eier legen, die anderen Bienen tun die Arbeit. Lauter Damen übrigens. Die Männchen heißen Drohnen und sind nur für die Fortpflanzung da, als lebender Genpool sozusagen. Im Herbst werden sie aus dem Stock geworfen, denn im Winter wären sie nur unnütze Fresser."

„Ja, das hat uns die Frau Lehrerin in der Schule auch schon erzählt. Aber eine lebendige Bienenkönigin hat noch niemand aus meiner Klasse gesehen," meine Kathi voller Stolz.

„So, fertig!" Opa schloss die Bienenbeute und karrte mit Kathi die Wabenkiste ins Haus. Jetzt konnte es losgehen mit dem Schleudern und Honigschlecken!

(Zum Nachlesen: http://de.wikihow.com/Honig-ernten)

2. Der Zimmerahorn

Nun hatte ich also erstmals in meinem Leben ein eigenes Kinderzimmer. Die neue Wohnung, die wir vor Kurzem bezogen hatten, war groß genug, dass man ein Zimmer zu meinem ureigensten Reich erklären konnte. Zwar hatte es auch etwas für sich gehabt, das Gitterbett im elterlichen Schlafzimmer stehen zu haben, mit Mama und Papa in unmittelbarer Reichweite, falls ich etwas brauchte oder mich etwas ängstigte. Aber diesem Gitterbett war ich als frischgebackenes Schulkind ohnehin schon entwachsen, und ein weiteres großes Bett wäre im Elternschlafzimmer nur im Weg gestanden. Also schlief ich ab unserem Umzug allein in meinem nagelneuen großen Bett, was mich einerseits stolz machte, mir aber andererseits auch nicht ganz geheuer war. Mama und Papa so weit weg? Ich könne ja rufen, meinten sie, sie kämen sofort. Was ich die ersten Nächte auch einige Male ausprobierte. Ich rief sie herbei, und sie erschienen auch unverzüglich. Als sie fragten, was denn los sei, musste ich zugeben, dass ich sie eigentlich grundlos gerufen hatte. Worauf sie mich ermahnten, dass ich sie nur rufen sollte, wenn ich wirklich etwas brauchte oder Angst hätte, woran ich mich schließlich auch hielt.

Ja, und nun war ich ja auch ein Schulkind. Ein begeistertes Schulkind, das in der Schule nur Erbauliches und Interessantes erleben durfte. Anfang Dezember hatte uns unsere Lehrerin so weit, dass wir einigermaßen lesen konnten, einige langsamer, andere geläufiger. Ich gehörte zu den schneller Lesenden. Ich las alles, dessen ich habhaft werden konnte, Geeignetes und Ungeeignetes. Meine Eltern atmeten auf, sie hatten mir immer wieder vorlesen müssen, davon hatte ich einfach nicht genug bekommen können. Jetzt konnte ich endlich selbst lesen, und auch davon konnte ich kaum genug bekommen. Ich bekam einmal wöchentlich die Kinderzeitung „Wunderwelt", ein wunderschön illustriertes Heft mit kindgemäßem Lesestoff, und ab und zu einmal die Mickey Mouse oder ein Fix-und-Foxi-Heft, zwei Märchenbücher, den Rübezahl und Münchhausens Lügengeschichten. Sodann entdeckte ich im Bücherregal meines Vaters Buschs Geschichten über Max und Moritz und die Gedichte von Eugen Roth, über die ich mich königlich amüsierte. All diese Sachen las ich zu wiederholten Malen, kaum war ich fertig, begann ich noch einmal von vorne.

Am besten gefielen mir Märchen und Geschichten mit gutem Ausgang. Bösartigkeit und Bosheit waren mir schon als Mädchen ein Dorn im Auge, ich wünschte mir schon damals eine heile Welt, in der alle glücklich sein konnten und sich niemand ängstigen musste. Geschichten über Tod und Teufel und böse Geister versetzten mich in höchste Unruhe. Das ging so weit, dass ich die Buchseiten, auf denen Geschichten über solche Schreckensgestalten zu lesen waren, am liebsten herausgerissen und vernichtet hätte, was mir aber meine Eltern untersagten. So dürfe man mit Büchern nicht umgehen, meinten sie. So oft mir mein Vater auch erklärte, dass diese Geschichten ja alle nur ausgedacht seien, so schwer fiel es mir, zwischen Realität und Fiktion zu unterscheiden. Das Herausreißen der betreffenden Seiten, schien mir, hätte mich beruhigt, aber da ich das nicht durfte, lauerten diese üblen Gestalten auch weiterhin auf dem bedruckten Papier und verfolgten mich bis in meine Alpträume. Ich musste mich damit begnügen, die angsteinflößenden Geschichten in den Inhaltsverzeichnissen durch Einkerbungen mit dem Fingernagel durchzustreichen und die betreffenden Buchseiten mit einem Wollfaden zu einem Block zusammenzubinden, in der Hoffnung, dass Tod, Teufel und böse Geister hübsch drinnenbleiben sollten. Da blieben sie aber nicht, sie hatten sich in meiner Fantasie festgesetzt, trieben dort ihr Unwesen und störten zu wiederholten Malen meinen Schlaf – und damit auch den Schlaf meiner Eltern. Immer öfter kam es vor, dass ich aus dem Schaf schreckte und laut nach ihnen rief, sodass sie herbeieilen und mich trösten und beruhigen mussten, indem sie das Licht anmachten und mich aufforderten, um mich zu blicken. Ob irgendwo ein böser Geist zu sehen sei? Oder Gevatter Tod? Oder gar der leibhaftige Teufel? Nein, nichts davon war zu sehen. Bei Licht besehen, stellte sich alles als völlig harmlos heraus, alles war so, wie es in einem Kinderzimmer zu sein hatte, und ich schämte mich.

Nach einem sonnigen Frühsommertag, den ich mit den Dorfkindern spielend und herumtobend im Freien verbracht hatte, schickte mich meine Mutter früher, gleich nach dem Abendessen, zu Bett, weil sie sah, dass ich sehr müde war. Ich blätterte noch ein wenig in meinem neuen Mickey-Mouse-Heft und sah mich zufrieden in meinem behaglichen Kinderzimmer um. Die leise tickende Kuckucksuhr mit dem auf Dauerurlaub befindlichen mechanischen Schreihals, dessen Antrieb mein Vater wohlweislich nie aufzog, da er viel auf ungestörten Schlaf hielt, mein gemütlicher Flickenteppich, auf dem man so herrlich kauern und spielen konnte, mein Lese- und Zeichentischchen neben der Spielzeugkommode, der Schrank hinter meinem Bett, der prachtvolle Zimmerahorn vor dem Fenster, durch das die Abendsonne ihre letzten Strahlen schickte – wie hatte ich es doch gut! Zufrieden schlief ich ein.

Als ich aufwachte, war es schon zappenduster. Durch die Fensterscheiben zeichnete sich fahl eine blasse Mondsichel auf dem nachtschwarzen sternenlosen Himmel ab, dessen schwachen Blaustich ich nur deshalb erahnen konnte, weil ich den Himmel als blau in Erinnerung hatte. Die Uhr tickte unheimlich vor sich hin, als ob sie kleine Stückchen aus der nächtlichen Dunkelheit herausklopfen wollte. Erfolglos, denn das Ticken und Klopfen kam nicht gegen die Finsternis an. Mein Blick versuchte vergeblich, die Düsternis zu durchdringen. Gespenstisch fremd sah alles aus. Irgendetwas stimmte nicht. Irgendetwas schien im Raum manifest zu werden und mich zu belauern. Ich wagte kaum zu atmen.

Und dann sah ich ihn. Er stand vor dem Fenster, unbeweglich, seine Hörner deutlich sichtbar vor dem Fensterglas, mit einem bleichen Auge starrte er mich durchdringend an, lauernd, abwartend, in seinen spitzen Ziegenbart horchend. Sicher stand er auf seinem menschlichen Bein schon bereit und hatte sein zweites, den Pferdefuß, vorsorglich angehoben, um sich auf mich zu stürzen und in die Hölle zu verschleppen. Es gelang mir, leise, aber tief Atem zu holen und dann einen langen, verzweifelt gellenden Hilfeschrei auszustoßen. Dann zog ich vor Angst zitternd die Decke über meinen Kopf.

Sekunden später stand meine Mutter im Kinderzimmer und schaltete das Licht ein. Noch immer schreckensstarr erzählte ich ihr, dass ein gehörnter Teufel vor dem Fenster gelauert habe, um mich mitzunehmen. Verwundert fragte sie, wie ich denn darauf käme. Inzwischen war auch mein besorgter Vater im Türrahmen aufgetaucht. Auch ihm erzählte ich entsetzt von der Erscheinung. Meine minutiöse Beschreibung des vermeintlichen Besuchers machte ihn stutzig. „Irgendwas muss sie konkret gesehen haben", sagte er nachdenklich zu meiner Mutter. Nachdem sie mich einigermaßen beruhigt hatten, beschlossen wir, der Sache gemeinsam auf den Grund zu gehen.

Dazu vereinbarten wir, das Licht wieder auszuschalten. Und gleich stand er wieder vor dem Fenster, der Schreckliche, und reckte seine Hörner empor. Schnell also wieder das Licht eingeschaltet! Es war der mannshoch gewachsene Zimmerahorn, dessen oberstes Blatt auf der Fensterscheibe auflag und dadurch mit seinen drei Zacken nach oben wies, wobei die beiden äußeren Blattspitzen wirklich aussahen wie emporragende Hörner. Das, was ich für das fahle Auge gehalten hatte, war das Licht der Straßenlaterne gewesen, das durch das Laub des Zimmerahorns geblinzelt hatte.

„Da hat dir deine blühende Fantasie einen Streich gespielt. Dein Teufelskopf ist nur ein harmloses Pflanzenblatt!", lachte meine Mutter.

„Es ist nicht immer leicht, den Schein vom Sein zu trennen, das fällt auch uns Erwachsenen mitunter schwer," fügte mein Vater hinzu.

Tags darauf kaufte er mir ein Nachtkästchen mit einer Nachttischlampe, die ich bei Bedarf einschalten konnte. Bei Licht betrachtet stellen sich nämlich viele Ängste als unbegründet heraus.

Elena Terziyska 2022

3. Das Wunderei

Wer kennt es nicht, das österliche Wettspiel des Eiertitschens oder Eierpeckens, bei dem diejenigen gewinnen, die das härteste Ei mit der dicksten Schale haben? Man kennt diesen Brauch nicht nur im deutschen Sprachraum, sondern auch im Balkan und in Russland. Ja sogar im indischen Staat Assam gibt es angeblich etwas Ähnliches, den Koni-Juj oder Eierkampf. Die Spielregeln sind überall gleich: Zwei Personen nehmen je ein hartgekochtes Ei in die Hand und schlagen dann Eispitze gegen Eispitze und stumpfes Ende gegen stumpfes Ende. Es gewinnt diejenige Person, deren Ei unversehrt bleibt, und sie kann als Siegespreis das kaputte Ei einfordern. Entscheidend für den Ausgang des Eierkampfes ist einerseits die Härte und die Dicke der Eierschale, andererseits auch der Winkel, in dem die beiden Eier aufeinandertreffen, also durchaus auch das Geschick.

In meiner Kindheit trug es sich zu, dass einer von uns, der Beppo, ein besonders erfolgreicher Eierpecker war. Wir wussten nicht, wie er es anstellte, aber seine Eier blieben meistens heil.

„Wie machst du das nur, Beppo?", fragten wir ihn. Er zuckte geschmeichelt die Schultern und meinte schelmisch:

„Gewusst, wie!"

Dabei ging es ihm offenbar gar nicht um die Eier, die er den Besiegten großzügig überließ, sondern um den Kitzel des Spiels und ein wenig wohl auch um seinen Ruf als bester Eierpecker des Dorfes.

Das ging so, bis – ja bis ihm der Schorsch den Rang abzulaufen drohte. Schorsch räumte gewaltig ab und kassierte die erbeuteten Eier auch allesamt ein. Wir fragten uns bereits, was er damit machte und ob er sie alle selbst aufaß in seiner Gier. Unmöglich, dass ein Mensch allein so viele hartgekochte Eier vertilgen kann? Kein Wunder, dass ihm sein für uns verheerender Siegeszug in der Disziplin des Eierpeckens wenig Sympathien einbrachte, die lagen nach wie vor bei Beppo. Der würde es ihm schon zeigen, den könne er wahrscheinlich nicht schlagen.

Und endlich kam er, der Tag des unvermeidlichen Schlagabtausches zwischen Beppo und Schorsch. Voller Spannung hatten wir ihn erwartet, und atemlos erwarteten wir dessen Ausgang. Beppo gegen Schorsch, Runde eins. Siehe da, Schorsch gewann und heimste triumphierend sein Ei ein! Beppo staunte und erbat Revanche. Auch Runde zwei ging bereits beim ersten Titscher an Schorsch. Beppo reichte ihm sein Ei und begann sich nachdenklich am Kopf zu kratzen. Als Beppo auch die dritte Runde verlor, wurde er noch nachdenklicher.

„Was hast du denn da für ein Wunderei, Schorsch? Zeig doch einmal!", sagte er.

Der aber weigerte sich und suchte sein Heil in der Flucht. Das aber ließen wiederum wir umstehenden Kinder nicht zu. Wir fassten uns an den Händen und hielten ihn auf.

„So zeig es ihm doch, er gibt es dir ja wieder!", forderte ein Bub den Schorsch auf.

Der aber wollte sein Wunderei partout nicht hergeben.

Nicht ohne Grund, wie uns allen bald klar wurde. In dem entstehenden Getümmel und Geknuffe drohte er schließlich sein Gleichgewicht zu verlieren, und um nicht auf den Betonboden des Schulhofes zu stürzen, breitete er zum Balancehalten die Arme aus, und – schwupps! – das Ei entglitt ihm. Mit einem dumpfen Knall schlug es auf dem Beton auf und – zerbröselte. Ein Gipsei also!

„Ah, daher weht der Wind!", lachte Beppo. Er nahm es mit Humor, gutmütig wie er war. Schorsch war rot angelaufen und wollte Beppo kleinlaut seine drei Eier zurückgeben.

„Behalt sie!", sagte Beppo mit Grandezza. Sein Ruf war wiederhergestellt, und das genügte ihm. Unsere Bewunderung für ihn wuchs ins Unermessliche.

Schorsch aber hatte bis ins Erwachsenenalter an seiner Blamage zu tragen, und zwar in Form eines neuen Spitznamens: Wir nannten ihn seit dem besagten Vorfall „Gipskopf".

4. Osterhase abzugeben

Wenn man in einer Stadtwohnung lebt, kann die Hundehaltung zum Problem werden. Manche Hausordnungen untersagen sie ja gleich vorweg, damit die übrigen Hausparteien keinen Grund haben, sich über etwaiges Gebell oder gar Hundebisse zu beschweren. So war es auch in dem Haus, in dem Rudi wohnte. Wie gerne hätte Rudi einen Hund gehabt! Den wünschte er sich zu allen Anlässen, zum Geburtstag, zum Namenstag, zu Weihnachten und zu Ostern – aber leider vergeblich, weil eben im Haus absolutes Hundeverbot herrschte.

Deshalb hatte Rudi auch nur ein kleines Aquarium. Das machte ihm zwar viel Freude, denn seine Guppys waren recht nett anzusehen, aber Fische kann man halt nur füttern und beobachen, knuddeln und abschmusen kann man sie leider nicht. Also blieb ihm nur übrig mitzugehen, wenn sein Schulfreund Hans den alten Zwergpintscher Gassi führte, den er von seiner Tante übernommen hatte, als diese ins Altersheim übersiedelte. Dort war nämlich auch Hundeverbot. Glück muss man haben, dachte Rudi neidisch.

Da trug es sich in der Woche vor den Osterferien zu, dass Leni mit rotgeweinten Augen in die Schule kam. Rudi fragte sie in der großen Pause, wieso sie so traurig sei. Leni erzählte ihm betrübt, dass der Arzt bei ihr eine Hausstaubmilbenallergie festgestellt habe.

„Tut das weh?", fragte Rudi.

„Nein, aber man muss husten und nießen und kann Asthma kriegen. Da bekommt man dann keine Luft. Deshalb muss ich jetzt meinen Hasen hergeben, weil Benni wie jedes Pelztier Hausstaubmilben im Fell hat."

„Hast du schon einen Platz für Benni gefunden?", fragte Rudi.

Leni schüttelte seufzend den Kopf und sagte mit Tränen in den Augen:

„Noch nicht, wahrscheinlich muss er ins Tierheim! Grad jetzt, wo Ostern kommt, muss ich meinen süßen Hasen hergeben!" Da wurde Rudi auch ganz traurig, weil ihm Leni schrecklich leid tat. Nachdenklich sah er seine Klassenkollegin an.

„Weißt du was, ich frag' meine Eltern, ob ich ihn nehmen darf, wäre dir das recht?", schlug er vor.

Leni nickte. „Da könnte ich ihn ja vielleicht ab und zu besuchen kommen?", fragte sie hoffnungsvoll.

„Klar, jederzeit!", sagte Rudi. „Wirst du heute vom Tagesheim abgeholt? Ja? Ich auch, Mama holt mich, da können wir gleich fragen, oder?"

Leni nickte schniefend und wischte sich mit dem Blusenärmel die Tränen ab. Und so machten sie es dann auch.

Leni wurde an diesem Tag von ihrem Papa abgeholt. Aufgeregt erzählte sie ihm, dass Rudi bereit wäre, ihren Hasen zu übernehmen, wenn seine Eltern ihn ließen. Und da kam auch schon Rudis Mama bei der Tür herein, und sie konnten zu viert besprechen, was mit dem Hasen geschehen sollte.

„Ja, wir hätten heuer einen Osterhasen abzugeben! So gerne wir ihn auch selber behalten würden!", sagte Lenis Vater. „Samt Käfig und Zubehör, wir stellen ihn auf Wunsch auch gerne zu. Wird ein schwerer Abschied, wir haben Benni alle sehr lieb gewonnen, er ist handzahm und folgt aufs Wort, fast wie ein kleiner Hund!"

„Ach, das trifft sich gut, was liegt mir mein Sohn nicht mit seinem Dauerwunsch nach einem Hund in den Ohren, den wir laut Hausordnung nicht haben dürfen! Aber Kaninchen sind erlaubt, die bellen nicht und stören niemanden. Wenn es also ein Hase sein darf statt eines Hundes, soll es uns recht sein, was, Rudi?", lachte Rudis Mama.

Und so kam es, dass Rudi zum diesjährigen Osterfest einen lebendigen Osterhasen geschenkt bekam, den er nicht nur füttern und ansehen konnte wie seine Guppyfische, sondern auch angreifen und steicheln, fast wie einen richtigen Hund.

5. Paulchen und der Weihnachtsbaum

In den Sommerferien ist Paulchen oft bei seiner Großmutter, weil seine Eltern nicht so viel Urlaub haben und arbeiten müssen. Ein Schuljahr hat er nun schon hinter sich, und lesen und schreiben kann er wie ein Alter. Paul liest gerne und viel, aber daneben sieht er auch begeistert fern. Heute darf er mit seiner Oma einen Fernsehfilm über den Klimawandel anschauen.

Der Film ist aber alles andere als lustig, und Omas Gesicht wird immer finsterer, je weiter die Sendung fortschreitet. Paul hört immer wieder das Wort Erderwärmung. Oma sagt, bei uns in Mitteleuropa wird es bald so heiß sein wie in der Wüste Sahara, wenn wir so weitermachen. Sie sagt, schuld an der Erderwärmung sind die Treibhausgase, die entstehen, wenn man etwas verbrennt. Eines davon ist das Kohlendioxid, ein anderes das Methan. Diese Gase wirken in der Lufthülle der Erde wie ein gläsernes Treibhaus, das die Wärme einfängt und nicht mehr in den Weltraum zurücklässt. Deshalb wird es auf der Erde immer heißer. Wir dürften nicht so viel verbrennen, meint Oma. Autos, Flugzeuge, Schiffe verbrennen Treibstoff, auch in vielen Fabriken entstehen schädliche Abgase. Deswegen schmelzen auf den Bergen die Gletscher, auch das ewige Eis der Arktis schmilzt. Und jetzt fängt eine verhängnisvolle Spirale an: Im Hohen Norden sind großflächige Waldbrände ausgebrochen und erzeugen ihrerseits Treibhausgase, und dadurch wird es noch heißer, und zwar schneller, als wir uns das vorgestellt haben.

„Wo ist die Arktis?", fragt Paul.

„Arktis nennt man das Gebiet um den Nordpol," erklärt ihm seine Oma. Ihr Enkelsohn reißt entsetzt die Augen auf.

„Aber da wohnt ja der Weihnachtsmann!", entfährt es Paulchen. Schreckensbleich sieht er seine Oma an. Die seufzt nachdenklich und meint:

„Ja, es heißt, dort wohnt der Weihnachtsmann. Aber ich glaube, um den Weihnachtsmann musst du dir keine Sorgen machen. Der ist als Märchenwesen vor allen Gefahren sicher, würde ich meinen. Also ich mache mir eher Sorgen um uns Menschen, wenn du mich fragst!"

„Der Weihnachtsmann ist ein Märchenwesen? Also gibt es ihn nicht wirklich?", fragt Paul.

„Für die, die an ihn glauben, gibt es ihn. Mir scheint, dass vieles, woran man ganz fest glaubt, irgendwann einmal greifbar und wirklich wird. Anders gesagt, man kann nichts verwirklichen, ohne dass man ganz fest daran glaubt."

Mittlerweile ist der Film über den Klimawandel zu Ende gegangen.

„Was kann man denn gegen die Klimaerwärmung machen?", will Paul wissen.

„Weniger vergeuden, weniger wegwerfen, mehr reparieren, damit man nicht so viel neu herstellen und kaufen muss, weniger Erdölprodukte und Kohle verbrennen, stattdessen mittels Sonne und Wind Strom erzeugen. Und – viele, viele neue Bäume pflanzen, die können das Kohlendioxid verarbeiten und binden. Das wirst du später noch in der Schule lernen," sagt Oma.

Paulchen möchte aber jetzt schon wissen, wie die Bäume es fertigbringen, das schädliche Treibhausgas aus der Lufthülle zu entfernen.

„Ich erkläre es dir ganz einfach, in der Schule lernst du es dann genauer. Das Chlorophyll, das ist das Blattgrün der Bäume , also der güne Farbstoff in jedem Blatt, kann bei Sonnenschein aus Kohlendioxid und Wasser Traubenzucker und Sauerstoff herstellen. Den Traubenzucker verarbeitet die Pflanze weiter, der Sauerstoff ist dabei eigentlich ein Abfallprodukt, das wir aber dringend brauchen. Wenn es keine Pflanzen gäbe, hätten wir nicht genug Sauerstoff zum Atmen. Der ganze Vorgang heißt übrigens Fotosynthese."

„Dann will ich einmal Bäumeanpflanzer werden, wenn ich groß bin", sagte Paulchen.

„Förster heißt das, Paul. Ist ein schöner Beruf mit Zukunft. Gute Idee!", nickte Oma anerkennend.

Paul dachte nach, so angestrengt, dass eine steile Falte an seiner Nasenwurzel entstand. „Dann will ich aber heuer keinen Weihnachtsbaum! Die Bäume sollen leben, man muss welche anpflanzen und nicht welche umschneiden," sagte Paulchen in die Stille hinein.

Oma lächelte. „Da habe ich eine bessere Idee. Wir legen uns heuer einen lebenden Weihnachtsbaum zu. Den gibt es im Pflanztopf zu kaufen, und nach Weihnachten kannst du ihn auf den Balkon stellen und pflegen, damit er schön weiterwächst. Ist eine gute Übung für einen zukünftigen Förster, meinst du nicht auch?"

Paulchen strahlte. Das war die Lösung. Er freute sich schon auf Weihnachten mit einem richtigen, lebendigen Weihnachtsbaum, der aus Treibhausgas gute Luft zum Atmen machen konnte und mithalf, die Erde wieder abzukühlen.

6. Lohnender Umweg

Dass Umwege zuweilen durchaus dafürstehen, auch wenn sie längere Gehzeiten bedingen, lernte ich früh, noch lange vor der goldenen Regel der Mechanik. Ich will euch jetzt erzählen, wo und wie ich diese Einsicht gewann.

Ich wurde schulpflichtig, als der erste künstlichen Erdtrabant in den Orbit entsandt wurde. Genaugenommen im September davor, denn der vom russischen Chefkonstrukteur Sergej Pawlowitsch Koroljow entworfene Sputnik stieg als erster einer Serie von zehn gleichartigen Satelliten genau am 4. Oktober 1957 vom Kosmodrom Baikonur gen Himmel. Das war in einer Zeit, als das Verkehrsaufkommen auf den Straßen noch ausgesprochen gering war und man Kinder allein auf den Schulweg schicken konnte, ohne befürchen zu müssen, dass sie buchstäblich unter die Räder kamen. Trotzdem suchten meine Eltern mit mir gewissenhaft den besten, kürzesten und sichersten Schulweg aus und schritten ihn mit mir zur Einübung einigemale ab. Es war die Diretissima, ein schmales Weglein, das von unserem Haus ausging und über einen kleinen Steg den Bach querte, dann ging man am linken Bauchufer entlang und einen kleinen Wiesenabhang hinauf, über den man direkt die Dorfstraße erreichte. Von dort waren es dann keine fünfzig Meter mehr bis zur Volksschule.

Auf diesem Wege stapfte ich also ab September 1957 allmorgentlich zur Schule, bis – ja bis mir der Ziegenbock eines in Schulnähe wohnenden Bauern einen Strich durch die Rechnung machte. Der Bauer pflegte den Ziegenbock an Schönwettertagen auf einem Wiesenstück vor seinem Hof so anzuketten, dass dieser in einem weiten Radius nach Belieben grasen konnte. Leider war ebendieser Radius, wie sich im Zuge der Ereignisse zeigen sollte, um einen Meter (den entscheidenden!) zu lang. Besagter Ziegenbock war ein wilder Geselle und zudem nicht gerade kinderlieb. Es kam also, wie es kommen musste: Eines Morgens nahm er mich, kaum war er auf dem uferseitigen Wiesensteig meiner ansichtig geworden, zielsicher ins Visier, senkte unverzüglich seine Hörner und begann auf mich zuzugaloppieren wie der berühmte Stier aufs rote Tuch. Ich versuchte, von dem abschüssigen Wiesenstück aus noch schnell vor ihm die Straße zu erreichen und von dort in Richtung Schule auszuweichen, aber die Kette war gerade so lang, dass mir der rasende Ziegenbock mit seinem Kopf einen Stoß versetzen konnte, der mich den ganzen Abhang zum Bach hinunterkollern ließ. Gottlob kam ich mit dem Schrecken davon und blieb auf dem weichen Wiesenboden unverletzt liegen. Ich rappelte mich auf und überlegte: Was tun, ich musste ja in die Schule? Mir blieb nichts anderes übrig, als den Weg zu verlassen und mich durch ein morastiges Wiesenstück zur Schule durchzuschlagen, wo ich schließlich ziemlich derangiert mit Grasflecken auf den Strümpfen, durchnässt und mit Kot an den Schuhen, anlangte. Ich muss wüst ausgesehen haben, denn die Lehrerin schlug die Hände zusammen, als ich vor ihr auftauchte. Ich erzählte kleinlaut, was mir widerfahren war. Niemand lachte, nein, eine Mitschülerin beeilte sich zu berichten, dass der unberechenbare Ziegenbock sie und andere Kinder fallweise auch schon attackiert habe.

Als ich mich nach dem Unterricht auf den Nachhauseweg machte, lauerte der Ziegenbock an seiner Weidekette noch immer an der kritischen Stelle. Mit meinem üblichen Heimweg würde es also nichts werden. Aber Rache muss sein und ist überdies süß, und so bewegte ich mich im Hopserlauf auf den

Ziegenbock zu, den Schulranzen auf dem Rücken, die ausgestreckten Zeigefinger seitlich an den gesenkten Kopf gelegt, ihn imitierend, als ob ich auch Hörner hätte. Unverzüglich raste der Ziegenbock herbei, aber jetzt wusste ich ja schon, wie lang seine Kette war, und ihm blieb nichts anderes übrig, als in einem Kreisbogen dicht an mir, die ich mich wohlweislich außer Reichweite hielt, vorbeizuschießen. Als ich den Ziegenbock genug geärgert zu haben glaubte, drehte ich mich um und ging einen anderen, leider viermal so langen Weg nach Hause.

Meine Mutter hatte sich schon gefragt, wo ich so lange geblieben war, und hörte sich staunend meine Erklärung und die Schilderung meines morgentlichen Zusammentreffens mit dem Ziegenbock an. Mein Vater konnte sich zwar das Lachen nur mit Mühe verbeißen, ging dann aber mit mir systematisch die Möglichkeiten durch, die sich für meinen Schulweg in Hinkunft anboten. Die erste: Um den Bock bei den Hörnern zu packen und niederzuringen, war ich wohl noch zu klein. Die zweite: Da der Bock ja nicht jeden Tag auf der Weide war, könne ich versuchen, den kurzen Weg in der Hoffnung zu wählen, der Bock sei nicht da. Wäre er allerdings da, müsste ich umkehren und dann die in Summe sechsfache Wegstrecke zurücklegen. Die Dritte: Von Anfang an auf Nummer Sicher zu gehen und den risikolosen, aber viermal so langen Weg zu wählen. Ich entschied mich nach längerem Nachdenken für die dritte Option. Es ist besser, trotz längerer Gehzeit auf Umwegen sicher ans Ziel zu gelangen als auf dem Direktweg das Risioko einzugehen, Beulen und Schrammen davonzutragen.

So lernte ich früh, Risken einzuschätzen und mit meinen Kräften hauszuhalten. Es geht eben nichts über Lektionen, die das Leben erteilt.

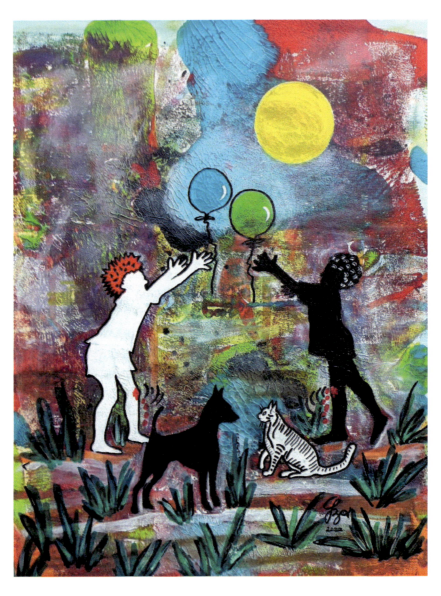

Gabriele Bina: Ebenholz und Elfenbein 2022

7. Ebenholz und Elfenbein

Peter und Piet waren ganz dicke Freunde, und Nachbarn waren sie auch. Sie kannten sich schon seit gemeinsamen Ausfahrten im Kinderwagen und sie hatten auch denselben Kindergarten besucht. Jetzt gingen sie nicht nur in dieselbe Klasse derselben Schule, nein, wie ihr wohl erraten werdet, saßen sie natürlich nebeneinander. In der Schule hatte Piet gelernt, dass sein Name eigentlich „Pete" geschrieben wird. So gehört es sich nämlich auf Englisch, sagte die Frau Lehrerin. Aber gerufen wurde er Piet, gottlob, denn so war er es schon gewohnt. Piet konnte nämlich zwei Sprachen verstehen und sprechen, Deutsch wie seine Mama und Englisch wie sein Papa, den sich seine Mama von einem Arbeitsaufenthalt in Amerika mitgebracht hatte. Da war er, Piet, schon in ihrem Bauch gewesen, hatte sie ihm erzählt. IT-Fachleute werden ja heutzutage überall gebraucht, also kam sein Papa einfach hierher mit, und da wohnten sie nun alle, in der Wohnung neben Peter. So hatten sich Piet und Peter auch kennengelernt.

Peter hatte keinen Papa mehr. Der war bei einem Autounfall umgekommen, kurz nachdem Peter auf die Welt gekommen war. Peter konnte sich also gar nicht mehr an seinen Papa erinnern und kannte ihn nur von dem großen Foto, das auf der Anrichte stand. Wenn Peter wieder einmal traurig war, dass er keinen Papa mehr hatte, tröstete ihn Piet und sagte, er könne sich bei Bedarf ja seinen Papa ausborgen, wenn etwas kaputt sei oder wenn etwas Schweres gehoben werden musste. Denn Piets Papa war ein richtiger Tausendsassa, er konnte alles reparieren, und stark war er auch. Peter hätte aber lieber einen eigenen Vater gehabt und nicht nur einen ausgeborgten, einen so ganz für sich, einen, dem er ähnlich geschaut hätte, wie Piet seinem Papa ähnlich schaute. Piet hatte dieselben dunklen Augen, dieselbe schokoladebraune

Haut, dasselbe freundliche Lächeln wie sein Papa. Da nützte es nichts, dass Peters Mama sagte, er, Peter, sehe seinem verstorbenen Papa mit jedem Tag ähnlicher. Wie aus dem Gesicht geschnitten, sagte sie. Dabei stiegen ihr dann immer Tränen in die Augen, wenn sie ihn ansah.

Nach Schuleintritt war Peter ein wenig neidisch geworden, weil Piet schon so gut Englisch konnte. Als er das seinem Freund eingestand, wusste Piet sofort, was zu tun sei: „Mein Papa bringt es Dir bei!", sagte er, und seither spielten und sprachen sie oft zu dritt miteinander, Peter, Piet und dessen Papa, und schauten sich englische Zeichentrickfilme an. Jetzt, am Ende der zweiten Klasse, konnte Peter schon fast so gut Englisch wie Piet, und er musste nicht mehr neidisch sein. Englisch schreiben konnten sie beide noch nicht richtig, das würden sie erst ab dem fünften Schuljahr so richtig lernen, aber verstehen und sagen konnten sie alles. Was sie besonders gern taten und was ihnen offenbar auch sehr gut gelang, war, bei den Pop-Songs im Radio laut mitzusingen. „Bravo!", meinten beide Mamas, wenn sie zuhörten, und Piets Papa meinte: „Good job!", und lachte.

Peter und Piet waren ein Herz und eine Seele, obwohl sie vom Äußeren her verschiedener nicht hätten sein können. Der grünäugige Peter war rothaarig, sommersprossig und milchgesichtig, er musste im Freibad immer Sonnencreme auftragen oder ein T-Shirt überziehen, wenn er sich keinen Sonnenbrand einhandeln wollte. Der dunkelhaarige, schwarzäugige Piet war aus einem Guss braun, seine Haut hatte einen warmen, bronzefarbenen Schimmer, heller als die Haut seines Vaters, dunkler als die Haut seiner Mutter. Eine richtige Melange, meinte Peters Mama, wie wenn man Kaffee mit Milch mischt. Sie spielten gemeinsam bei den Miniknaben Fußball, sie sangen gemeinsam im Schulchor, sie besuchten gemeinsam den

Kinderschachklub, sie gingen gemeinsam mit Peters Hund Gassi. Den hatte sich Peter im Tierschutzhaus aussuchen dürfen, wobei ihn natürlich sein Freund Piet beraten hatte. Frodo hatten sie ihn getauft. Ein Pinscher, hatte man ihnen erklärt, kinder- und katzenfreundlich. Das war wichtig, denn Piet hatte als Haustier einen getigerten Schmusekater, den Maunzi. Nach anfänglichem misstrauischen Beschnuppern vertrugen sich Frodo und Maunzi bald, klauten sich zwar noch fallweise das Futter aus den Fressnäpfen, hatten aber mittlerweile sogar begonnen, miteinander im Hunde- oder Katzenbett ein Nickerchen zu halten, je nachdem, ob Piet gerade Peter besuchte oder umgekehrt. Freilich war Maunzis Katzenbettchen für Frodo reichlich klein, und Piets Mama spendierte ein zusätzliches Frodokissen, damit der Arme nicht so aus dem Katzenbett herausquellen musste.

Gestern waren Peter und Piet beim Herumlaufen im Hof ein wenig zu wild und fielen beide auf dem Betonboden der Länge nach hin. Sie schürften sich übel beide Knie auf. Deshalb fuhren sie schleunigst mit dem Lift zu Peters Mama in die Wohnung, denn beim Treppensteigen hätten sie die Knie abbiegen müssen, und die taten ihnen ziemlich weh. Peters Mama machte sich daran, sie erst zu trösten und dann zu verarzten. Sie reinigte die Abschürfungen mit Desinfektionslösung und wischte das Blut von den aufgeschundenen Knien, erst bei Piet, dann bei Peter. Peter sagte: „Schau, Piet, wir haben ja beide rotes Blut! Obwohl du dunkle Haut hast und ich helle!"

Da lächelte Peters Mama und sagte, während sie elastische Pflaster auf die Knie der beiden Buben klebte: „Ja, alle Menschen haben rotes Blut, so verschieden sie auch aussehen mögen. Alle Menschen sind frei und gleich an Würde und Rechten geboren. Aber das wisst ihr beide ja, sonst würdet ihr nicht so gut zusammenhalten, stimmts?"

Elena Terziyska: Malendes Mädchen 2022

8. Geschichte von der Hexe, die keine war

Als Marie vom Einkauf beim Bäcker nebenan zurückkam, sagte sie entsetzt:

„Mama, ich bin einer Hexe begegnet!"

Sie zitterte, stellte den kleinen Einkaufskorb ab, schloss mit letzter Kraft die Wohnungstür hinter sich und flüchtete in die Arme ihrer Mutter.

„Na geh, Mariechen, du weißt doch, dass es keine Hexen gibt. Beruhige dich und erzähl' mir genauer, wem du da begegnet bist." Mama zog Mariechen die Haube vom Kopf und strich ihr tröstend übers Haar.

„Aber sie hat genau so ausgesehen wie die alte Hexe in meinem Märchenbuch, graue Haare, eine krumme Nase mit einer großen Warze drauf, einen Stock und spindeldürre Finger!", sagte Marie, jetzt schon unter Tränen.

„Und wo hast du diese Frau getroffen?", wollte Mama wissen.

„Auf der Bank an der Ecke ist sie gesessen. Sie hat mich angestarrt und irgendwas gesagt, und da bin ich davongelaufen."

„Bei der Kälte ist sie auf der Bank gesessen? Da stimmt irgendwas nicht", meinte Mama. „Komm, schauen wir, ob sie noch da ist. Das war sicher keine Hexe, sondern einfach eine alte Frau. Sie braucht vielleicht Hilfe."

Mama zog sich schnell Schuhe und Mantel an, wickelte sich einen Schal um den Hals und setzte ihre gelbe Wollhaube auf. Mariechen hatte ihren warmen Anorak und die Stiefelchen sowieso noch an. Sie setzte die Haube wieder auf und folgte mit großen Augen ihrer Mutter, die mit schnellen Schritten aus dem Haus trat und den Gehsteig entlangeilte, kaum, dass Mariechen mit ihr Schritt halten konnte. Bald waren sie bei der Parkbank an der Ecke, und wirklich, dort saß eine krumme Gestalt in einem schwarzen Mantel, ohne Haube und Handschuhe, und umklammerte mit schmächtigen Händen einen Gehstock.

Mama sprach sie an und sagte: „Liebe Frau, warten Sie hier auf jemanden? Ihnen muss ja schon ganz kalt sein!"

„Nein, ich warte auf niemanden, ich habe mich bloß verlaufen!", antwortete die alte Frau fröstelnd.

„Kommen Sie, dort vorne ist ein Kaffeehaus, da gehen wir hinein und wärmen uns auf. Dann können wir bei einem warmen Getränk alles klären." Mama half der alten Frau aufstehen. Mariechen sah, dass die alte Frau schon ganz blau vor Kälte war. Mit wackeligen Schritten ging sie, auf Mamas Arm und den Gehstock gestützt, die kurze Strecke zum Kaffeehaus.

Dort angelangt, bestellte Mama für sich und die alte Frau heißen Tee und für Mariechen heiße Scholole. Mariechen musterte nachdenklich die Warze auf der Nase der alten Frau, die vorsichtig an ihrem Tee nippte, um sich nicht zu verbrennen.

„Wo wohnen Sie denn?", fragte Mama die alte Frau.

„Im städtischen Altersheim. Ich wollte einen kleinen Spaziergang im Park machen, es war ja so schönes Wetter. Aber jetzt finde ich nicht mehr zurück, und mein Mobiltelefon habe ich auch vergessen, sonst hätte ich mir ein Taxi gerufen. Wie spät ist es denn?", wollte die alte Dame wissen.

„Bald sechs, die Geschäfte sperren bald zu. Weiß man im Altersheim, wo sie sind?"

„Nein, woher denn? Ich wollte schon um vier Uhr zurück sein. Die haben keine Ahnung, wo ich bin. Ich heiße übrigens Anna Gruber."

„Na, dann rufen wir gleich an," sagte Mama. Der Kellner brachte ihr das Telefonbuch und Mama suchte schnell die Telefonnummer des Städtischen Altersheims heraus. Mariechen diktierte ihr Ziffer um Ziffer, wie sie es in der Schule gelernt hatte, und Mama tippte die Nummer in ihr Mobiltelefon.

„Hallo, bin ich da im Städtischen Altersheim? Ja? Ich sitze hier mit Frau Anna Gruber, sie sagt, sie hat sich verlaufen. Ich bestelle ihr ein Taxi, wenn's recht ist, und der Chauffeur geleitet sie dann ins Haus hinein. Ja? In Ordnung, so machen wir es." Mama lächelte und nickte Frau Gruber zu. Die lächelte auch. Richtig erleichtert sah sie aus, und ganz und gar nicht wie eine Hexe, wie Mariechen aufatmend feststellte.

Mama fuhrwerkte schon wieder an ihrem Mobiltelefon, die Nummer des Taxiunternehmens hatte sie eingespeichert.

„Hallo? Ja, bitte ein Taxi zum Café Zeitlos, für Frau Anna Gruber, die muss zum Städtischen Altersheim. In zehn Minuten? In Ordnung, da können wir noch in Ruhe austrinken!"

„Bin ich froh, dass Sie gekommen sind, ich habe mir nicht zu helfen gewusst. Wenn man so alt ist wie ich, wird man halt wunderlich, " meinte Frau Gruber.

„Passt schon, meine Tochter Marie hat Sie gesehen und mich auf Sie aufmerksam gemacht. Sie hatte aber Angst, mit Ihnen zu sprechen."

Gottlob erwähnte Mama das Wort Hexe nicht. Mariechen schämte sich, dass sie Frau Gruber für eine Hexe gehalten hatte. Jetzt kam ihr das Ganze richtig lächerlich vor.

Da meinte die alte Dame: „Ist schon recht, Kinder sollen sich ohnehin nicht von fremden Leuten ansprechen lassen, es ist besser, sie holen ihre Eltern, wenn es zu helfen gilt, und das hat ihre Tochter ja getan. Darf ich fragen, wie sie heißt? Ah, Marie?"

Und zu Mariechen gewandt: „Vielen Dank für deine Hilfe, Marie! Vielleicht magst du mich einmal im Altersheim besuchen?"

Und da war auch schon das Taxi, und der Taxifahrer brachte Frau Gruber ins Altersheim zurück. Mariechen winkte ihr noch nach, als sie ins Auto gestiegen war. Dann trank sie ihren Kakao aus und Mama ihren Tee, und als sie ausgetrunken hatten, bezahlte Mama die Getränke und sie konnten sich auf den Nachhauseweg machen. Und weil Mariechen gut zeichnen konnte, nahm sie sich ganz fest vor, für Frau Gruber ein besonders schönes Bild zu malen und es ihr im Städtischen Altersheim vorbeizubringen. Denn Frau Gruber hatte sie ja dorthin eingeladen.

Elena Terziyska: Der Herbst ist schön 2016

9. Feldspat, Quarz und Glimmer

Als unser alter Pfarrer starb, ging das ganze Dorf auf sein Begräbnis. Auch wir Schulkinder kamen, hatte er uns doch in der Volksschule in Religion unterrichtet. Für mich mit meinen sieben Jahren war es das erste Begräbnis, dessen Zeugin ich geworden war. Fassungslos kehrte ich vom Friedhof zurück. Man hatte den Pfarrer also in eine Holztruhe gelegt und in dieser Truhe in der Erde vergraben? Was tut er denn jetzt da unten, da bekommt er ja keine Luft? Meine Mutter versuchte, mir klarzumachen, dass er ja nicht mehr atme, jetzt, wo er gestorben sei. Was denn das sei, gestorben? Er lebe nicht mehr, atme nicht mehr, bewege sich nicht mehr, und das Fleisch seines Körpers wäre schlecht geworden und hätte zu riechen begonnen, hätte man den verstorbenen Pfarrer nicht in einen Sarg gelegt und in der Friedhofserde begraben. Ja, wieso sei er denn gestorben, wollte ich wissen. Er sei halt schon alt und krank gewesen, meinte meine Mutter. Also sterben nur Alte und Kranke? Die Antwort meiner Mutter war niederschmetternd: Nein, wir alle müssen einmal sterben. Unser alter Pfarrer war also kein bedauerlicher Einzelfall, sondern die gnadenlose Regel ohne Ausnahme. Mir stockte der Atem. Als ich ihn wiederfand, entlud sich mein Entsetzen anfallsartig in einem derartig verzweifelten und nicht enden wollenden Schluchzen, ja Gebrüll, dass meine Mutter sich keinen Rat mehr wusste. Ruhe kehrte erst wieder ein, nachdem sich die schiere Erschöpfung meiner bemächtigt hatte.

Mein Vater fand mich, als er von der Arbeit zurückkam, verrotzt, verheult und in so sprachloser Trauer vor, dass meine Mutter ihm den Grund meines Kummers mitteilen musste. Wie es seine Angewohnheit war, setzte er mich vor sich auf den

Küchentisch, um mit mir auf Augenhöhe sprechen zu können. Er nahm meine Kinderhände in die seinen, sah mir in die rotgeweinten Augen und versuchte, mir zu helfen, die jüngst erkannte schreckliche Wahrheit ertragen zu lernen.

„Ja, wir alle müssen sterben, aber davor dürfen wir immerhin leben. Das Wissen, dass wir einmal sterben werden, muss uns das Leben nur umso kostbarer erscheinen lassen. Und weil das Leben kostbar ist, soll man es auch auskosten, man soll das Leben mit Freude leben und andere an dieser Freude teilhaben lassen." Aber wieso denn diese Freude nicht einfach immer so weitergehen könne, wollte ich wissen.

„Die ewige Seligkeit zu Lebzeiten also möchtest du", lächelte mein Vater wehmütig. „Nein, auf dieser Welt ist nichts ewig, nicht einmal die Denkmäler, die sich manche in Stein hauen lassen, um nicht der Vergessenheit anheimzufallen, denn selbst Stein verwittert und zerbröselt. Selbst unsere Sonne wird – zwar erst in Jahrmillionen, aber mit unausweichlicher Gewissheit, ausbrennen und verglühen. Dann wird auch unsere Welt vergehen."

Mittlerweile standen mir wieder Tränen in den Augen. „Was, unsere ganze Welt wird einmal vergehen?" fragte ich gramvoll.

„Ja, aber uns bleibt immerhin die Hoffnung, dass es bis dahin Raumschiffe gibt, mit denen sich die Menschheit auf einen anderen bewohnbaren Planeten retten wird können. Siehst du, man kann der Todesangst am besten mit Hoffnung und Tapferkeit beikommen. Tapfer weiterleben, weitermachen, weiterhoffen, tun, was man tun kann, um diese Welt ein wenig besser zu machen. So gesehen, ist die Freude am Augenblick keine Sünde, sondern eine Notwendigkeit."

Mein fragender Blick bewog ihn zu einer klärenden Nachfrage:

„Du willst also von mir wissen, was du jetzt tun sollst, jetzt, wo du weißt, dass du einmal sterben wirst?" Ich nickte zögerlich.

„Es gibt da das Sprichwort ‚Zu Tode gefürchtet ist auch gestorben'. Du willst dich doch sicher nicht so sehr vor dem Sterben fürchten, dass du jetzt gleich vor Angst stirbst?" Entsetzt schüttelte ich den Kopf.

„Na siehst du. Du hast dein ganzes Leben ja noch vor dir. So viel Neues, so viel Schönes, so viele Möglichkeiten, deinen Mitmenschen Gutes zu tun, damit sie dich in liebender Erinnerung behalten, selbst, nachdem du gestorben bist. In der Erinnerung deiner Mitmenschen gewinnst du ein Stückchen Unsterblichkeit. So kannst du dem Tod ein Schnippchen schlagen! Justament!"

Ganz zufrieden muss ich noch nicht ausgesehen haben, denn mein Vater sagte, er hätte ein Geschenk für mich, das mir eine behelfsmäßige Vorstellung von Ewigkeit geben könnte, wo mir doch so sehr daran gelegen sei, ewig zu leben. Er schickte mich um ein Blatt Papier und holte seinen Zirkel. Dann setzten wir uns beide auf die Küchenbank und er zeigte mir, wie man mit dem Zirkel Kreise macht.

„Der Kreis ist ein Symbol, ein Bild für Ewigkeit und Unendlichkeit, denn er hat keinen Anfang und kein Ende." Fasziniert schlug ich mit dem Zirkel meine ersten Kreise. Mein Vater zeigte mir, wie man mit dem Zirkel die verschiedenartigsten Muster, Rosetten und Kreisblumen aufs Papier zaubern konnte. Damit war das Thema Tod und Sterben vorübergehend so weit vom Tisch, dass ich weiter Kind zu sein vermochte.

Der Zirkel aber wurde und blieb mein erklärtes Lieblingsspielzeug.

Gabriele Bina: Frieden

10. Alpha und Omega

„Hallo, mein Freund! Kommst du mich besuchen oder bist du dienstlich hier?", fragte Britt ein wenig argwöhnisch den Gast, der sich urplötzlich in ihrer Küche eingefunden hatte. „Bei dir bin ich mir da ja nie ganz sicher!"

Schlagartig, wie von Zauberhand war er aufgetaucht, oder vielmehr, von einem Augenblick auf den anderen ganz einfach dagewesen. Jetzt saß er, leicht zurückgelehnt, auf einem der beiden klobigen Holzsessel, die an der Breitseite des Küchentisches standen, die schmale Hand auf der Tischplatte und mit halber Aufmerksamkeit durch die geschlossene Glastür auf die Terrasse spähend, wie eine Katze, die rein gewohnheitsmäßig die Vögel beobachtet, selbst, wenn sie nicht auf der Jagd ist.

„HALLO, BRITT! ICH HATTE GERADE IN DER NÄHE ZU TUN, DA DACHTE ICH, ICH SCHAU BEI DIR VORBEI AUF EINE PARTIE SCHACH."

„Tee mit Rum, wie üblich?", bot Britt ihrem dürren Besucher an. Der nickte nur. Britt setzte das Teewasser auf, holte das Schachspiel und reichte es ihrem Gast, der sich sogleich daranmachte, die Figuren aufzustellen.

Dabei war Britt sich noch immer nicht ganz sicher, ob der magere Geselle auf dem Holzsessel nicht bloße Ausgeburt ihrer Phantasie war, ob sie ihn nicht vielleicht nur herbeiimaginiert hatte. Denn es war schon oft vorgekommen, dass Dinge, Geschehnisse, Personen in ihr Leben getreten waren, sobald sie mit einem gewissen Fervor, mit entsprechender Intensität und lange genug an sie gedacht hatte. Aber nein, da saß er, unübersehbar und mehr als manifest, seinen altmodischen Umhang um die Schultern drapiert, trotz seines immer gleich bleibenden Gesichtsausdruckes durchaus vergnügt, wie es ihr schien, in Erwartung der bevorstehenden Schachpartie und des versprochenen heißen Getränkes. Heißen Tee liebte er, denn da, wo er herkam, war es kalt.

Britt goss kochendes Wasser über die Teeblätter. Wie lange kannte sie ihn eigentlich schon? Ihr schien, als ob sie ihn bereits seit Kindesbeinen bildlich wahrgenommen hatte. Das erste Mal zwar nur vage, als ganz kleines Mädchen, da hatte sie ihn gesehen, wie ihre Großmutter schwerkrank darniederlag. Er war gemeinsam mit ihrem Bruder und ihren Eltern wie ein dunkler Schatten am Fußende des Krankenbettes gestanden. Als Großmutter bald darauf starb, verschwand er so still, wie er gekommen war. Keiner hatte ein Wort mit ihm gewechselt, als ob er niemals da gewesen wäre. Erst später dämmerte ihr, dass die anderen ihn offenbar gar nicht erst gesehen hatten. Das zweite Mal war sie kurz seiner ansichtig geworden, als man im Jahr darauf den Hund des Nachbarn überfahren hatte, und etwas Metallisches, an einem Holzstiel Befestigtes hatte dabei kurz im Sonnenlicht aufgeblitzt. Auch hatte sie ihn als Schulkind mehrmals das Altersheim verlassen sehen, das sich unweit des Schulgebäudes befand, und von Mal zu Mal hatte er vor ihren Augen deutlichere Konturen angenommen. Sie hatte ihn dabei mehrmals prüfende Blicke auf eine weiße Sanduhr werfen sehen, die er in der Brusttasche seines Umhangs stets bei sich trug.

Während sie ihrem Besucher Tee einschenkte und diesen mit einem ordentlichen Schuss Rum versah, blitzte die Erinnerung an eine weitere Begegnung in ihrem Gedächtnis auf. Damals war sie es gewesen, die krank und hoch fiebernd im Bett gelegen war und zu deren Haupt der stumme Gast Aufstellung genommen hatte. Der alte Hausarzt, von den besorgten Eltern herbeigerufen, runzelte alarmiert die Stirn und gab ihr unverzüglich eine Injektion, von der man ihr später erzählte, dass sie wohl lebensrettend gewesen war.

„WAR EIN VORZÜGLICHER DIAGNOSTIKER, DIESER ARZT!", ließ ihr Gast verlauten, während er die Schachfiguren zurechtrückte.

Britt wusste mittlerweile, dass er offenbar ihre Gedanken lesen konnte. Die Gespräche mit ihrem knöchernen Freund verliefen meist in der Form, dass er auf Dinge replizierte, die sie eben erst gedacht hatte. Ob es Telepathie war oder gedanklicher Gleichklang, war ihr dabei noch nicht so recht klar geworden.

„WEIß BEGINNT!", forderte er sie mit einer Gerste seiner Hand zum ersten Zug auf. Sie spielte immer weiß. Schwarz sei seine Farbe, meinte er. Kein einleitender Handschlag. Wohlweislich. Denn es tat den Leuten nicht gut, mit ihm in Berührung zu kommen. Britt eröffnete, indem sie den Bauern von e2 nach e3 verschob.

„SEI EHRLICH: DU BIST HEBAMME GEWORDEN, WEIL DU MIR PAROLI BIETEN WOLLTEST!", ließ der Köcherne verlauten, indem er seinen Bauern von a7 nach a5 stellte. Britt nickte lächelnd und antwortete mit Nachdruck und deutlich artikulierend:

„Ja, mein Lieber, denn so bleibt alles einigermaßen im Lot! Wo du den Menschen ins Jenseits verhilfst, verhelfe ich ihnen lieber erst einmal ins Leben. Kein Leben ohne Tod, kein Tod ohne Leben. Eines wäre ohne das andere nicht möglich. So gesehen sichere ich eigentlich deinen Arbeitsplatz!" Kurze Pause, dann hallte sein überraschtes Lachen so laut in der Küche nach, dass die gläserne Terrassentür zu klirren begann.

„WO DU RECHT HAST, HAST DU RECHT!"

Britt preschte mit ihrer Dame von d1 auf h5 vor. „Eines wollte ich dich schon lange fragen. Wieso kann ich dich sehen und die anderen offenbar nicht?", fragte sie. Der Knochenmann stellte nach kurzem Überlegen seinen Turm von a8 auf a6.

„DAFÜR ZEICHNET DEINE GROẞMUTTER VERANTWORTLICH. ES IST IHR LETZER WUNSCH GEWESEN, DASS ICH MICH AUCH DIR ZEIGE."

„Konnte sie dich denn auch sehen?", hakte Britt überrascht nach und ließ ihre Dame von h5 auf das vom schwarzen Bauern freigegebene Feld a5 wandern.

„JA, DAS KONNTE SIE. WIE ALLE MEINE PATENKINDER." Seine knöchernen Finger schoben den Bauern von h7 nach h5.

„Ich bin also eines deiner Patenkinder? Und nur die können dich sehen?", staunte Britt und verschob ihre Dame nach einigem Nachdenken auf c7, was ihren knöchernen Gast dazu bewog, seinen Turm von a6 nach h6 zu hieven.

„WER WILL DENN MICH SCHON SEHEN? MICH, DEN TOD, DER ICH DOCH GEFÜRCHTET BIN UND GANZ SELTEN NUR ERSEHNT?" Weißer Bauer von h2 auf h4, dessen schwarzer Kollege von f7 auf f6. „ICH BIN JA FÖRMLICH ZUM TABU GEWORDEN HEUTZUTAGE."

Als Britt ihre Dame nach d7 rückte, wich der schwarze König von e8 nach f7 aus. „Ein memento mori hat den Leuten aber noch nie geschadet. Alles Lebendige ist endlich und trägt den Tod in sich wie eine Frucht den Kern, wie es bei Rilke heißt. Und nur, wer sich dieser seiner Endlichkeit bewusst wird, lernt das Leben schätzen". Die weiße Dame zog nach b7 und scheuchte die schwarze Königin von d8 auf d3.

„DABEI HABE JA NICHT ICH DAS KONZEPT DER ENDLICKEIT ERSONNEN, ICH BIN NUR SEINE UNVERMEIDLICHE LOGISCHE KONSEQUENZ." Und er fuhr fort: „DU SPIELST ABER HEUTE SEHR ANGRIFFIG, BRITT."

Was letztere bewog, die weiße Dame ein Feld weiter auf b8 zu verschieben, wodurch sie die schwarze Dame nach h7 drängte. Sofort zwang die weiße Dame, indem sie sich auf c8 bewegte, den schwarzen König zum Ausweichen von f7 nach g6, was ihm nicht viel nützte, denn in der Folge trat sie ihm energisch auf e6 entgegen.

„Patt!", sagte Britt triumphierend. Es war das erste Mal, dass sie ein Remis erzwungen hatte. Bis jetzt hatte sie jede Partie gegen den Tod verloren.

„ALLE ACHTUNG!", staunte der Knochenmann. „MEIN LIEBES PATENKIND HAT SICH EMANZIPIERT. Ab jetzt also im Kleindruck und auf Augenhöhe. "

„Und wie soll es mit uns beiden jetzt weitergehen?", fragte Britt.

„Mir scheint, ich muss mich jetzt nicht mehr um dich sorgen. Meine regelmäßigen Besuche erübrigen sich hiemit. Wende dich dem Leben zu, vom Tod weißt du jetzt genug. Lebe dein Leben, genieße es in vollen Zügen. Sei unbesorgt, es wird noch sehr lange dauern, bevor ich dich dienstlich aufzusuchen habe. Ein Ratschlag noch: Du solltest nicht nur beim Gebären helfen, sondern auch selbst gebären. Bring Leben aus dir selbst hervor, reiche den Stab direkt weiter im Staffellauf des Lebens. So sicherst du den Arbeitsplatz deines Patenonkels am nachhaltigsten. Wird übrigens Zeit, dass du dich für deinen nächsten Besucher zurechtmachst. Nebenbei bemerkt, ist er ein hervorragender Gynäkologe, dieser Doktor Berger. Und ein ausgesprochen netter Mensch. Der Kuchen, den du für ihn gebacken hast, riecht übrigens vorzüglich."

Britt sah ihm schweigend dabei zu, wie er ein wenig umständlich von seinem Sessel aufstand, sich sodann würdevoll in seinen Umhang hüllte und seine Sense schulterte, die er bei seiner Ankunft in die Ecke gelehnt hatte. Dann winkten sie einander noch kurz zu, bevor er, allmählich verblassend, sich umdrehte und durch die geschlossene Glastür auf die Terrasse hinaustrat.

Britt atmete tief ein und dann mit einer gewissen Erleichterung wieder aus. Sodann ging sie ins Bad, warf einen prüfenden Blick in den Spiegel, fuhr schnell mit dem Kamm durch ihr dichtes Haar und legte ein wenig Lippenstift auf. Kurz danach läutete es an der Tür. Die Küchenuhr zeigte punkt sieben. Für diese Zeit hatte sich ihr lieber Kollege Hans Berger angesagt.

Als sie sich daranmachte, ins Vorzimmer zu gehen, um Hans hereinzulassen, kam es ihr vor, als habe sie einen sachten Flügelschlag vernommen. Einen Augenblick lang vermeinte sie sogar, einen nackten Putto gesehen zu haben, wie er auf der Vorhangstange landete, seinen kleinen Bogen zur Hand nahm und zwei Pfeile aus einem Köcher holte.

11. Post molestam senectutem

Meine Großmutter väterlicherseits war eine erstaunliche Frau, die noch in hohem Alter vor Vitalität förmlich strotzte, obwohl sie zwölf Kinder geboren und ein Lebtag lang hart gearbeitet hatte. Eine Lungenentzündung saß sie größtenteils in ihrem Lehnsessel aus, mit der Erklärung, dass alte Menschen, die sich zu lange hinlegten, oft nicht mehr aufstünden. Die Durchblutungsstörungen in ihren Füßen kommentierte sie ungehalten im reinsten Waldviertler Idiom (denn Hochdeutsch beherrschte sie nicht) mit den Worten: „Mensch, jetzt bremassln ma wieda d'Fiass, wia waun i's in an Aumasnhauf'n einihoitat!" Worauf sie heftig mit den kurzen Beinen schlenkerte, um den Kreislauf anzuregen und mehr Blut in ihre Füße zu treiben. Als ich das ihrem Hausarzt erzählte, meinte dieser schmunzelnd, sie habe in beiden Fällen genau das Richtige getan. Die athrotischen Knie umwickelte sie, wenn sie sie allzusehr plagten, mit wärmenden Faschen, auf die schmerzende Schulter legte sie ein Katzenfell und zog darüber einen Wollpullover an. Von schmerzstillenden Tabletten hielt sie nichts, da sie ihr Sodbrennen verursachten. Der Hausarzt meinte, auch das sei eine weise Entscheidung, die ihr Leber und Nieren nur danken würden. Wie es überhaupt anzuraten sei, dass man sich mit seinen mitunter schmerzhaften Altersbeschwerden irgendwie arrangiere und sie ertragen lerne, denn los werde man sie zumeist ohnehin nicht mehr. Gesund essen, viel Wasser trinken, auf die Schlafqualität achten und möglichst viel bewegen, das seien die vier wichtigsten Regeln für ein langes Leben. Dazu käme dann noch das Mentale, die innere Widerständigkeit, der Lebenswille, und davon habe meine Großmutter mehr als genug. Klein, aber oho, meinte er bewundernd. Sie habe, wie man im Waldviertel etwas ordinär, aber einprägsam zu sagen pflegte, „die Seele beim Arschloch umgenietet."

Wovon aber meine Großmutter nicht unbedingt überzeugt war. Niemand war unsterblich. Dem Tod gegenüber sei Vorsicht am Platze, meinte sie, denn der sei lebensgefährlich. Immer, wenn sie so über Freund Hein witzelte, flackerte in ihren Augen die Angst auf, kurz zwar, aber deutlich sichtbar. Auf Begräbnisse ging sie nicht. Vordergründig entschuldigte sie dies mit ihrer angeblichen Gebrechlichkeit, in der Tiefe ihrer Seele jedoch konnte sie ihre Aversion gegen Friedhöfe einfach nicht überwinden. Als wir einmal einen längeren Ausflug mit ihr unternahmen und dabei durch verschiedene Ortschaften fuhren, zuckte sie jedesmal zusammen, wenn wir an einem Friedhof vorbeikamen. „Jessas, scho wieda a Freidhof, do hob i scho g'fressn!", gab sie angeekelt von sich und trommelte nervös mit allen acht Fingern auf ihre Handtasche, die Daumen in den Haltegriff gekrallt.

Ihr größtes körperliches Gebrechen war nach ihrem eigenen Dafürhalten – und Freunde und Familie teilten diese Einschätzung – ihre ausgeprägte Schwerhörigkeit, die sich allmählich zur völligen Taubheit auswuchs. Zu ihrem achzigsten Geburtstag konnte man sich noch, wenn auch lauthals brüllend, mit ihr verständigen, zehn Jahre später aber musste sie sich ausschließlich aufs Lippenlesen verlegen, da sie vollständig ertaubt war. „Jetzt hear i goa nix mehr!", sagte sie bedauernd, relativierte das Gesagte aber sofort mit den Worten: „Is eh oft bessa, waun ma net ois heat, oda?"

Was das Lippenlesen betraf, gab es allerdings ein erhebliches Problem. Sie hatte Zeit ihres Lebens nichts als ihren

Waldviertler Dialekt gesprochen und Hochdeutsch nur lesend verstanden. Deshalb konnte sie nur diejenigen Aussagen von den Lippen ablesen, die im ihr vertrauten Waldviertlerisch erfolgten. Was soviel heißt, als dass meine Tante, in deren Haus meine Großmutter ihren Lebensabend verbrachte, dolmetschen musste. Konversation mit meiner Großmutter spielte sich meist unter zwar völlig sinnloser, aber dafür umso größerer Lärmentwicklung ab, zumindest anfänglich. Die Besucher versuchten nämlich im Gespräch ihre Unkenntnis des Waldviertlerischen durch Lautstärke auszugleichen, wenn sie mit – oder vielmehr zu – meiner Großmutter sprachen. Wobei ein Fortissimo bei Schwerhörigen ja noch angebracht sein mag, bei völlig Ertaubten verliert es aber jegliche Sinnhaftigkeit. Meine Tante ließ das Getöse geduldig über sich ergehen, stellte sich sodann direkt vor meine Großmutter, damit diese ihr Gesicht genau vor sich hatte, und übersetzte das Gebrüll der Besucher, sobald es verklungen war, langsam und leise sprechend mit exakten Lippenbewegungen ins Waldviertlerische. Meine Großmutter verstand, die beschämten Besucher machten alle weiteren Aussagen deutlich leiser, und allmählich kehrte wieder Ruhe ins Haus ein.

Großmutter selbst allerdings sprach auch reichlich laut, konnte sie ja die Lautstärke ihrer Worte nicht mehr einschätzen. Was oft zu peinlichen Situationen führte. Ich entsinne mich da einer Szene auf einer Parkbank. Großmutter hatte unsere neue Wohnung noch nicht gesehen, und deshalb hatte sie mein Vater mit dem Auto aus dem Waldviertel zu uns geholt.

Sie muss damals schon an die neunzig Jahre alt gewesen sein. Wir brachen zu einem kleinen Spaziergang in den nahe gelegenen Park auf. Großmutter ging zwar schon am Stock, war aber noch durchaus mobil. Dennoch beklagte sie sich ächzend, dass ihr heute wieder grauslich die Knie wehtäten, und so setzten wir uns auf besagte Parkbank. Das gefiel ihr. Sie bewunderte die Schwäne im Teich und erfreute sich an den duftenden Rosenbeeten. Es war ja auch wirklich schön im Park. Nur leider begann sie alsbald, das Aussehen und die Kleidung der Vorbeigehenden zu kommentieren, und zwar derartig laut, dass diese alles mithören konnten. Mir blieb nichts als die inständige Hoffnung, dass sich Großmutters breites Waldviertlerisch nicht allen erschlösse, da es im Burgenland ja quasi als Fremdsprache gelten konnte.

Nun waren zu dieser Zeit – es muss anfangs der Siebzigerjahre gewesen sein – gerade Miniröcke modern. Diese Miniröcke erschienen meiner Großmutter als völlig unangebracht, und als eine junge Dame im kessen Mini auf Plateausohlen an unserer Bank vorbeitrippelte, vernahm ich mit Entsetzen Großmutters Kommentar: „Mensch, dera ihr Kittl is owar a Weu kurz, do siacht ma jo de Untahosn saumt'n Oasch!"

Überhaupt war die Diktion meiner Großmutter mitunter sehr bildhaft. Sie war aber auch reich an eigenartigen Ausdrücken und kurios anmutenden Worten, sodass ich sie oft erst nach längerem Nachdenken verstand. Trotzdem liebte ich es, ihren Erzählungen zu lauschen, denn man konnte sie ja förmlich als fleischgewordenes wandelndes Geschichtebuch betrachten. So hatte sie zum Beispiel als junges Ding, noch vor der Jahrhundertwende, in Wien den Posten eines Dienstmädchens innegehabt und mehrmals Kaiser Franz Josef gesehen. Unglaublich, was sie alles erlebt haben musste! Als ich sie über ihre Zeit in Wien befragte, sagte sie: „Schee woa's, owa mia haum schwea oaweitn miassn. Do woar i da reinste Gschlaf."

Lange brauchte ich, um das seltsame Wort „Gschlaf" als Verballhornung des Wortes „Sklave" identifizieren zu können. Soviel also zur „Guten alten Zeit" und den Arbeitsbedingungen von Dienstboten in der Donaumonarchie, die alles andere als ersprießlich gewesen sein müssen. Als ich mit ihr einmal ein Modejournal durchblätterte, erstaunte sie mich lautem Gelächter und mit ihrem zahnlosen Ausruf: „Mit den Gwaund schaut de jo aus wiar a Bojazer!" Mit „Bojazer" meinte sie „Bajazzo". Sie hatte also gesagt, das Mannequin auf dem Bild sehe in diesem unmöglichen Kleid aus wie ein Clown!

Ja, die Mode. Auf die hielt meine Großmutter große Stücke. Zwar hatte sie mit neunzig nur mehr schütteres Haar und trug deshalb meist ein Kopftuch, selbst innerhalb der eigenen vier Wände. Aber jedesmal, wenn meine Tante den Friseur aufsuchte, bestand Großmutter darauf, mitzukommen und sich auch eine Dauerwelle verpassen zu lassen – obwohl diese dann doch wieder nur unter besagtem Kopftuch zu verschwinden pflegte. Auch erzählte mir meine Tante feixend, dass sie meine Großmutter schon wiederholt dabei ertappt habe, wie sie, klein, wie sie war, auf das Schemelchen vor ihrem Spiegel geklettert sei, um dann wohlgefällig ihre eigene Erscheinung zu bewundern. Mit neunzig, und obwohl ihr das Erklimmen des Schemelchens wegen ihrer Knieschmerzen sicher nicht leicht fiel!

Fast jeden Abend verließ meine Großmutter ihr Zimmer, um in Tantes Küche dem Fernsehvergnügen zu frönen. Großmutter sah leidenschaftlich gerne fern, wobei es bei ihr ausschließliches Fern-Sehen war, denn hören konnte sie ja kaum mehr. Für das Fernsehen zog sie sich extra schick an und tauschte die bequemen Filzschlapfen gegen ordentliche

Schuhe. Als ich sie einmal fragte, wieso sie das tue, sagte sie, sie mache sich für die Leute im Fernseher schön. Denen könne man ja nicht einfach so vor die Augen treten! Meine Großmutter war also fest davon überzeugt, dass „die Leute im Fernseher" sie über den Bildschirm genau so sehen konnten, wie sie sie sah. Sie meinte, erst, wenn man das Fernsehgerät abschalte, sei die nach ihrem Dafürhalten zweigleisig verlaufende Bildübertragung unterbrochen. Als ich ihr sagte, dass sie sich da gewaltig irre, lächelte sie mich ungläubig an. Schon meiner Tante war es nicht gelungen, ihr diese obstruse Idee auszureden. Die Tante tat dies lächelnd und mit einer wegwerfenden Handbewegung ab und erklärte mir: „So achtet sie wenigstens entsprechend auf ihr Äußeres, und das ist doch eigentlich gut so!"

Großmutter lebte also trotz ihrer zahlreichen Wehwechen recht zufrieden und ohne jegliche Anzeichen von Altersdemenz, bis sie sechsundneunzig wurde. Dann aber bekam sie erhebliche Probleme mit ihrem Kropf, der ihr mit einem Male massive Schluck- und Atembeschwerden machte. Der Hausarzt entschied, sie müsse Spezialisten konsultieren, und überwies sie ins Spital nach Wien. Oh weh, aber in Wien sprach man kein Waldviertlerisch! Aus war es mit dem Lippenlesen. Eine Kommunikation wurde für Großmutter schlechthin unmöglich. Wie heißt es so schön? Einen alten Baum soll man nicht verpflanzen. Der Umzug in eine ihr völlig unbekannte Umgebung und das Fehlen jeglicher Kommunikationsmöglichkeit versetzten meine Großmutter in eine derartige Panik, ja Verzweiflung, dass sie binnen dreier Tage verstarb, wobei den Ärzten bis zuletzt nicht so recht klar war, woran. Offenbar hatte der jähe Ortswechsel ihre Vitalität gebrochen und Freund Hein hatte leichtes Spiel damit gehabt, sie heimzuholen.

Begraben wurde sie natürlich in ihrem geliebten Waldviertel, mit dem bitteren Beigeschmack, dass das in einem der von ihr stets verabscheuten Friedhöfe zu geschehen hatte.

„Der Gmünder Friedhof hätte ihr sicher auch nicht gefallen, obwohl er ja an sich recht schön ist!", stellte meine Tante lapidar fest. „Aber jetzt tut ihr wenigstens nichts mehr weh, das ist doch auch irgendwie tröstlich, nicht wahr?"

Ja, das war sie, meine bemerkenswerte Großmutter. Bene, iam fuere …

12. Das Duell

Leiden hatte ich ihn noch nie können. Dabei hätte ich eigentlich gar nicht zu sagen vermocht, warum. Ein durchaus ansehnlicher Mann in der Blüte seiner Jahre, körperlich fit und elegant gekleidet. Aber da war etwas Absonderliches in seinem Blick, der mit unverhohlenem Interesse auf mir lag, wenn wir uns trafen. Und er kreuzte verdächtig oft meine Wege in letzter Zeit. Suchte er etwa meine Bekanntschaft? Wozu? Was wollte er von mir, die ich seine Mutter hätte sein können? Seltsam war weiters, dass mir niemand so recht Auskunft geben konnte, wer er war und womit er sein Geld verdiente. Man kannte ihn vom Sehen, aber man wusste nicht einmal, wo er wohnte. Je öfter ich ihn traf, desto unerträglicher, ja unheimlicher wurde er mir. Immer erschien er unvermutet, gleichsam überfallsartig, wie aus dem Nichts. Sein Auftauchen versetzte mich in Schrecken, seine bloße Anwesenheit verursachte mir körperliche Beschwerden.

Als ich auf den Lift zuging, spürte ich jäh seinen stechenden Blick im Rücken. Ich zuckte zusammen wie vom Hexenschuss getroffen. Ich wusste mit Gewissheit, dass er von hinten auf mich zukam, ohne ihn erst gesehen haben zu müssen. Ich flüchtete förmlich in die Liftkabine. Ein törichtes Unterfangen, wie mir nur allzu bald klar wurde. Hätte ich gewusst, was mir bevorstand, ich wäre stehen geblieben und hätte lauthals um Hilfe geschrien. Denn kaum war ich in der Liftkabine, stand auch er neben mir.

Wie es ihm gelungen war, durch die schon beinahe geschlossene Lifttür zu schlüpfen, blieb mir unerklärlich. Er maß mich mit kaltem, durchdringendem Blick. Mir schwindelte. Der

Lift fuhr nach oben. Endlos lange, wie mir schien. Als die Lifttür schließlich aufging, ergoss sich gleißendes Licht in die Kabine. Halbblind wankte ich hinaus, er neben mir, und erst als sich meine Pupillen auf ein Minimum zusammengezogen hatten, sah ich, dass wir uns auf dem Flachdach des Hauses befanden. Der Himmel über uns war von einem blendenden Blau, die Sonne so hell und strahlend, wie ich sie noch nie gesehen hatte. Und vor uns ein Fluggerät, wie ich es auch noch nie gesehen hatte, halb fliegender Holländer, halb fliegende Untertasse, mit segelförmigen Solarpaneelen, die das Sonnenlicht auffingen. In der Luft hing ein hohes, fast unhörbares Surren. Mein Begleiter stand neben mir wie ein dunkler Schatten in der Fülle von Licht, die uns umgab, seine Umrisse nahm ich wahr, nicht aber sein rätselhaftes Gesicht. Er bedeutete mir, dass ich einsteigen sollte. Nicht, dass er es gesagt hätte, aber sein Befehl stand greifbar im Raum. Telepathie also. Irgendwie war es ihm gelungen, sich in mein Gehirn einzuklinken. Das auch noch, dachte ich, und ich spürte seine triumphierende Schadenfreude. Verwundert stellte ich fest, dass auch ich seine Gedanken lesen konnte.

„WER BIST DU, UND WAS WILLST DU VON MIR?", fragte ich ihn.

„DAS MUSST DU SCHON SELBST HERAUSFINDEN," meinte er spöttisch. „STEIG EIN UND STAUNE!"

„UND WENN ICH MICH WEIGERE?", fragte ich.

„DANN GEHT DIE WELT UNTER!"

Dann geht die Welt unter? Ein Duell also, ein Kräftemessen. Zwischen einem mächtigen überirdischen Wesen und mir, einer alten Frau.

„WIESO ICH?", frage ich.

„WEIL DU EIN FEINES SENSORIUM FÜR GUT UND BÖSE HAST UND EINEN SCHARFEN VERSTAND. ICH FORDERE DICH WAHRHAFTIG ZUM DUELL: ZU EINER DISPUTATIO ÜBER DIE NATUR DES MENSCHEN. ES GEWINNT, WER BEWEISBAR RECHT BEHÄLT. DOCH ZUERST SIEH UND STAUNE."

Etwas, das aussah wie eine gläserne Treppe, senkte sich aus dem rätselhaften Fluggerät, geradewegs vor meine Füße. Ich nahm meinen ganzen Mut zusammen und betrat die Himmelsleiter, zögerlich, denn anfänglich plagten mich Höhenangst und Trittunsicherheit, aber mit jeder Stufe, die ich höher stieg, rückten sie ins Irrelevante. Ich dachte: „Scheiße, zieh' ich's halt durch, wenn's nicht anders geht."

Die Fahrt begann, und mein unheimlicher Begleiter wich nicht von meiner Seite. Wir stiegen höher und höher, die Sonne strahlte und funkelte in überirdischer Schönheit, nach und nach schwenkten wir in eine Erdumlaufbahn und betrachteten aus dem Orbit unseren Planeten. Blau dehnten sich unter uns die Ozeane, scharf zeichneten sich die Küstenlinien der Kontinente ab. Wir flogen über grandiose Landschaften, über Wüsten und Bergkämme, über ewiggrünen Regenwald, über die weiß leuchtenden Eisfelder der Antarktis, über die Niagarafälle, die ein leuchtender Regenbogen überspannte. Sonnenaufgang und Sonnenuntergang wanderten im Fluss der Zeit in immerwährender Abfolge über die Erdkugel. Meine Augen füllten sich mit Tränen, mein Herz wurde weit vor Liebe. Oh du herrlichste der Welten, du meine, du unsre Welt!

„UND DIE MENSCHEN MACHEN SIE ZUSCHANDEN", hörte ich meinen Begleiter denken.

„NICHT ALLE, ABER VIEL ZU VIELE", musste ich zugeben.

„DER MENSCH … WAS IST DER MENSCH? EIN NACKTER AFFE MIT EIN WENIG DENKFÄHIGKEIT? DEN GOTT MAßLOS ÜBERSCHÄTZT? DER IN SEINER BOSHEIT NICHTS ANDERES IM SINN HAT ALS KRIEG UND ZERSTÖRUNG? DER ES SOMIT NICHT VERDIENT, AUF DIESER ERDE ZU WANDELN?"

Harter Tobak, zugegeben. Doch es gibt auch Menschen guten Willens. Sehr viele sogar. Sonst hätten wir einander wohl ohnehin schon ausgerottet. Also replizierte ich:

„EIN NACKTER BAUMAFFE, FÄHIG ZUM DENKEN UND ZUM MITFÜHLEN. DER MENSCH IST NICHT NUR BOSHAFT, SONDERN AUCH BARMHERZIG. ERWIESENERMAßEN."

Es sind immerhin die Menschen, die die Dinge in die Realität hineinimaginieren. Wo wäre die Gerechtigkeit, wenn der Mensch sie nicht erdächte? Schon allein wegen dieses Potentials muss Gott die Menschen lieben, wenn es ihn gibt.

Mein Begleiter hatte auch meine versteckten Gedanken gelesen und lachte spöttisch auf.

„WENN ES GOTT GIBT? Was soll ein knochentrockenes altes Weib wie du denn auch sein als eine Agnostikerin?"

Aber auch ich konnte seine Nebengedanken lesen.

„DANKE FÜR DAS ALTE WEIB. STIMMT ZWAR, ABER IST TROTZDEM UNHÖFLICH. Hätte nicht gedacht, dass mir der Teufel einmal Religionsunterricht erteilt."

Ich sah deutlich, dass mein Begleiter lächelte. Dann dachte er verächtlich: UND WAS SOLL DENN DAS EIGENTLICH MIT DER BLÖDEN ENDLICHKEIT? STIRB UND WERDE! STAUB BIST DU UND ZU STAUB SOLLST DU WERDEN! HÄTTE DER MENSCH NICHT MEHR VERDIENT?

Recht hat er, dachte ich insgeheim. Sterblichkeit war mir persönlich immer schon ein Dorn im Auge gewesen. Wer stirbt denn schon gerne? Ein schwerwiegender Schönheitsfehler der Schöpfung. Mir wurde bewusst, dass ich jetzt eigentlich den Advocatus Diaboli für Gott machte. Das hämische Grinsen meines Begleiters stand greifbar im Raum. Ich räusperte mich mental.

„ENDLICHKEIT UND STERBLICHKEIT SIND BEDROHLICH UND TRÖSTLICH ZUGLEICH. DENN KEIN SCHRECKEN WÄHRT EWIG, KEINE TYRANNIS HAT FÜR IMMER BESTAND. ALLES IST IN STETEM FLUSS UND DAMIT AUCH BEINFLUSSBAR. ES STEHT DEM MENSCHEN SOMIT AUCH FREI, DIE DINGE ZUM GUTEN HIN ZU VERÄNDERN."

Merklich kleinlauter dachte mein Begleiter weiter: „UND WAS SOLL DENN EIGENTLICH DIE SACHE MIT DEM FREIEN WILLEN? WIESO HAT GOTT DEN MENSCHEN NICHT GLEICH DURCH UND DURCH GUT GESCHAFFEN?"

Da lief ich zur Höchstform auf, denn ich hatte Anthony Burgess gelesen. Ich dachte in belehrendem Ton:

„ALLMACHT GEWÄHRT STETS DEN FREIEN WILLEN, ANGST VOR MACHTVERLUST JEDOCH GEBIERT ZWANG UND UNTERDRÜCKUNG. NUR DAS GUTE, DAS MAN AUS FREIEM WILLEN TUT, IST MORALISCH VERDIENSTVOLL."

Mein Begleiter murmelte nur mehr, kaum dass ich hören konnte, was er dachte.

„ABER WIESO GIBT ES DENN WEIT MEHR UNGUSTLN ALS GUTE?"

Das hat was, dachte ich, und kam argumentativ ein wenig aus dem Tritt. Ich spürte, wie meinem Begleiter wieder der Kamm wuchs. Damit er kein Oberwasser gewönne, begann ich, je mehr ich in Fahrt kam, in einem deutlichen Crescendo zu denken:

„JA, LEIDER TRETEN DIE IM BIBLISCHEN SINNE GERECHTEN WEIT SELTENER AUF, ALS MAN ES SICH WÜNSCHEN WÜRDE, ABER ES GIBT SIE, ALS STATISTISCH UNVORHERSAGBARE MENGE ZWAR, ABER SIE TRETEN MIT SICHERHEIT IMMER WIEDER AUF. SIE WEICHEN KEINEM ZWANG UND DIENEN DEN ANDEREN ALS BEISPIEL, SIND ALSO QUASI INFEKTIÖS. SOMIT IST AUCH DAS GUTE UNAUSROTTBAR."

Mein Begleiter verfiel in beleidigtes Schweigen. Jäh bogen wir aus dem Orbit. In rasender Geschwindigkeit näherten wir uns der Erde, nahmen Kurs auf Europa, sichteten den Alpenhauptkamm, den Neusiedlersee, das blaue Band der

Donau, und schließlich den Donauturm und das Riesenrad. Plopp, und wir landen auf demselben Flachdach, von wo wir losgeflogen waren, plipp, und ich fand mich in der Liftkabine wieder. Ich betaste meinen Körper und meinen Kopf. Soweit war also alles gut gegangen. Aus dem Spiegel sah mir mein verwundertes Gesicht entgegen.

Und, gottlob, den lästigen Stalker habe ich seither niemals mehr wiedergesehen.

13. Tussastop

„Husten? Oja, dagegen hab ich was. Nimm aber nicht zu viel, sonst hebst du ab!" Mit diesen Worten drückte mir Oma das Fläschchen mit dem Sirup in die Hand, und ich nahm es mit nach Hause.

Um den lästigen Reizhusten ordentlich zu dämpfen, nahm ich gleich drei Messlöffel ein. Half aber nicht. Zumindest nicht schnell genug. Wie recht Oma mit dem Abheben hatte, merkte ich nach dem vierten Löffelchen. Und wie ich abhob!

Bei vollem Bewusstsein geriet ich nach und nach in einen seltsamen Seinszustand, wie ich ihn vormals noch nie erlebt hatte. Verwundert stellte ich fest, dass ich plötzlich an jedem Ort der Welt zugleich zu sein schien. In mir, neben mir, über mir. Ich empfand mich als allgegenwärtig. Ich konnte mich selbst von außen betrachten. Nicht wie im Spiegel mit seiner läppisch singulären Reflexion. Nein. Ich existierte in mehreren Ausgaben meiner selbst, war aber eindeutig noch immer ich und niemand sonst. Mir war klar, dass es das alles ja eigentlich gar nicht geben konnte, obwohl ich es am eigenen Leib erlebte. Seltsam unwirklich erschien mir mein Schlafzimmer, an dessen Decke ich schwebte und mir dabei zusah, wie ich gleichzeitig im Bett lag. Was ich noch sah, war die Musik, die aus dem Radiowecker quoll. Die einzelnen Töne changierten mit wechselnder Lautstärke von zartlila Kreisen zu eingedellten Ellipsen in satten Violettschattierungen, um schließlich wie Ballons, aus denen die Luft entweicht, in samtene Pünktchen aus Finsternis zu implodieren. Da ich die Musik jetzt sehen konnte, richtete sich mein Gehörsinn gleichsam nach innen, und ich vernahm, wie etwas in mir zu singen begann, leise erst, fast nicht auszunehmen, allmählich aber zu einem mächtigen Crescendo anschwellend. Es dauerte eine Weile, bis ich den Gesang zuordnen konnte. Was da sang, war das berauschende Glücksgefühl, das in mir wuchs, mich weiter entgrenzte, mich raumfüllend machte. Der Husten war ganz aus meinem Bewusstsein getreten, nicht, dass er nicht mehr da gewesen wäre, aber auch er war aus mir herausgetreten und führte irgendwo ein von mir abgetrenntes Eigenleben. Schließlich lockte mich der Mondenschein, der durch die gläserne Balkontür hereindrang, aus dem Bett. Ich sah mir dabei zu, wie ich mir Jacke, Schal und Haube umtat, die Balkontüre öffnete und mich auf den Balkon stellte. Ich expandierte augenblicklich in die mondhelle Winternacht hinaus, weit, weit hinauf in den gestirnten Himmel über mir, ging auf in der Schönheit der Sternenlichtes, wurde ein maßgeblicher Teil des Universums, durfte teilhaben an seiner Größe und Erhabenheit. Nichts von der üblichen Beschämung ob meiner Kleinheit und Bedeutungslosigkeit angesichts der kosmischen Weiten, wie ich sie sonst bei der Betrachtung des nächtlichen Firmamentes verspürte, nein, diesmal schien es mir, das Weltall nehme mich auf in sich, in seine würdevolle **Unendlichkeit**. Mehr mit den Augen als mit den Ohren vermeinte ich schließlich, den unhörbaren Zusammenklang der Himmelskörper auf ihrem Weg durchs All wahrzunehmen, der Kosmos wurde mir zur sichtbaren Musik, deren nachtdunkles Leuchten greifbar die interstellaren Räume füllte. Ich lauschte gebannt und selbstvergessen. Die Zeit verstrich und geriet mir dabei in völlige Vergessenheit. Erst, als ich jemanden husten hörte und mir bewusst wurde, dass ich es war, die gehustet hatte, kam ich ein wenig zur Besinnung und kehrte mental auf meinen Balkon zurück. Undeutlich verspürte ich die Kälte der Winternacht, die meinem Husten wohl nicht gerade zuträglich war. Ein Rest an

Pflichtbewusstsein veranlasste mich schließlich zur Rückkehr ins warme Schlafzimmer.

Wann genau und vor allem, wie ich wieder ins Bett gekommen bin, ist mir bei bestem Willen nicht mehr erinnerlich.

Am nächsten Morgen holte mich eine kurze Hustenattacke aus dem Schlaf und verdeutlichte mir, dass meine Bronchitis noch längst nicht ausgestanden war. Ich entsann mich allmählich meiner wundersamen nächtlichen Erfahrungen, die mich noch nachträglich in Erstaunen versetzten und mich bewogen, schließlich doch noch den Beipacktext des Hustensirups zu lesen:

„Tussastop wird zur Behandlung von Reizhusten und Husten verschiedenster Ursachen eingesetzt. Anwendung:Tussastop wird mit dem beiliegenden Messlöffel dosiert und anschließend eingenommen. Erwachsene und Jugendliche ab zwölf Jahren nehmen alle vier bis sechs Stunden einen Messlöffel (ca. 5ml) ein. Hinweis: Bitte nehmen sie das Arzneimittel bei Selbstbehandlung nicht häufiger als viermal am Tag ein. Die Anwendungsdauer sollte nicht länger als drei bis maximal fünf Tage betragen. Wirkstoff: Dextromethorphanhydrobromid in Maltitol-Lösung."

Wikipedia klärte mich schließlich auf, dass Dextromethorphanhydrobromid erwiesenermaßen dissoziative Rauschzustände verursachen kann, wenn man es überdosiert. Dosis facit venenum, heißt es bei Paracelsus. Was mir ja Oma ohnehin zu sagen versucht hatte.

14. Dreamteam

„Du bist viel zu gutmütig, Schatz, deshalb hängen sie immer dir alles an!", meinte meine Frau pikiert. Was meine Gutmütigkeit und Sanftmut betrifft, so hat sie sicher recht, aber wem außer mir, dem Gott des Schlafes, hätten sie diese Aufgabe denn sonst zuteilen sollen? Wo die Menschen im Wachzustand offenbar mit Blindheit geschlagen sind, was ihre Zukunft und ihr Überleben betrifft?

„Sag, Hypnos, wieso genau hat denn der Alte die letzte Dienstbesprechung überhaupt einberufen?", fragte Pasithea weiter, während sie Trinkgläser, Teller und Besteck auf dem Tisch verteilte.

„Weil Feuer am Dach ist. Die Menschen sind darauf und dran, unseren blauen Planeten zu so aufzuheizen, dass er unbewohnbar wird. Sie verbrennen zu viel Erdöl. Und sie nennen es noch dazu „schwarzes Gold". Das scheint eine Art von Besessenheit zu sein. Zeus sieht dringenden Handlungsbedarf", antwortete meine Mutter Nyx.

„Und hat wahrscheinlich wieder Prometheus angegiftet, weil er die Menschen geschaffen und ihnen das Feuer gebracht hat?", grinste Pasithea.

„Seltsamerweise diesmal nicht. Diese junge Schwedin hat ihn schwer beeindruckt", meinte Oma Nyx. „Dabei ist die nicht einmal sonderlich hübsch, aber dafür umso leidenschaftlicher in ihrem Anliegen. Für Heldenmut hatte Zeus schon immer etwas übrig, der imponiert ihm neuerdings auch bei Damen."

„Ah ja, die Greta. Kluges Mädchen. Die Jungen hat sie ja größtenteils auf ihrer Seite, aber die Alten in ihrer

Fantasielosigkeit wollen nicht erkennen, dass sie auf einem Holzweg sind, der ins Verderben führt. Sag, Mama, was gibt's denn heute zu essen? Das ewige Nektar-Ambrosia-Zeugs hab ich schon bis hier!" Unser Sohn Morpheus, seines Zeichens Gott der Träume, hob die flache Hand auf Kehlkopfhöhe, um seiner Abneigung Ausdruck zu verleihen.

„Keine Angst, es gibt Pizza nach der Art des Hauses und einen guten Blaufränkisch, ich trag sie gleich auf. Burschen, helft ihr mir?", sagte Pasithea und winkte Morpheus und seine beiden Brüder Phobetor und Phantasos zu sich. Die Drei folgten ihr dienstbeflissen in die Küche, um bald mit der ofenfrischen Pizza und den Rotweinflaschen zum Tisch zurückzukehren. Bald hörte man nur mehr zufriedene Kaugeräusche und das Klappern des Bestecks.

„Passt alles?", wollte Pasithea wissen. Eifriges Nicken und verdiente Lobesworte der Tischgesellschaft ließen sie zufrieden lächeln.

Eine ausgezeichnete Köchin, meine göttliche Frau. Und eine unübertroffene Kräuterexpertin, was für eine Göttin der Halluzinationen ja durchaus angebracht ist. Es stand dafür, dass ich es ihretwillen ein zweites Mal gewagt hatte, Zeus in Tiefschlaf zu versetzen, damit Hera ungestört ihren Machenschaften nachgehen konnte. Das erste Mal ist mir der Alte ja draufgekommen, und ich musste zu meiner Mutter Nyx flüchten. Vor der hat er mächtig Respekt, weil sie mich und meinen Bruder, den Todesgott Thanatos, aus sich selbst – als Ausgeburten der Nacht also – hervorgebracht hat, ohne das übliche Zutun eines Mannes. Dass ich es ein zweites Mal wagte, Zeus in Schlaf sinken zu lassen, hat dieser zum Glück nie herausgefunden. Ich hatte mächtig Schiss, denn mit dem Chef ist nicht zu spaßen. Es ist Hera nicht leicht gefallen, mich dazu zu bewegen. Einen goldenen Thron, den sie für mich bei Hephaistos bestellt hatte, habe ich ausgeschlagen – wozu brauch ich schließlich auch einen goldenen Thron? Aber auf Pasithea hatte ich damals schon ein Auge geworfen, und Hera erklärte sich bereit, mich mit ihr zusammenzubringen. Das hat sie schließlich auch getan, und das war mir das Wagnis ein zweites Mal wert. Ich wüsste nicht, was ich ohne meine Pasithea täte.

„Was siehst Du mich so an, lieber Hypnos?", riss mich Pasithea schließlich aus meinen Gedanken.

„So eine faszinierende Frau wie dich muss man einfach so ansehen", beeilte ich mich zu antworten. Und da ich sah, dass alle fertiggegessen hatten, fuhr ich fort:

„Liebe Mama Nyx, liebe Frau, liebe Söhne, ich habe euch zu diesem Treffen gebeten, weil ich eure Hilfe brauche. Eure Hilfe bei einer Aufgabe, die ich allein nicht lösen kann. Gemeinsam aber könnten wir es schaffen. Unsere Kollegen am Olymp und unser Chef sind zur Überzeugung gelangt, dass nur wir die Menschen zum Umdenken bringen können. Nicht über ihre Vernunft, sondern über Ihre Träume und ihre erlahmende Fantasie, die es zu beflügeln gilt."

„Vernunftgründen sind sie also nicht zugänglich?", fragte Morpheus.

„Zu wenige von ihnen sind das, wie es scheint. An sich hat die Wissenschaft schon alle offenen Fragen beantwortet, die Lösungen liegen fertig auf dem Tisch, aber die Herrschenden handeln im Interesse derer, die auf den alten falschen Wegen weiterhin ihr Geld verdienen wollen. Und die Zeit drängt," war meine Antwort.

„Na dann wollen wir den selbstherrlichen Herrschenden einmal anständig Angst einjagen", grinste Phobetor. „Da kann ich meinen Sadismus einmal richtig ausleben. Ich habe da eine ganze Palette von haarsträubenden Alpträumen auf Lager. Hungern werde ich sie lassen und dürsten, ihnen zeigen, wie es ist, wenn die Ackerböden tot sind, sodass es keine Ernten mehr gibt, und Flüsse und Bäche versiegt sind. Ihre Küstenstädte werde ich vor ihren Augen versinken lassen im leergefischten, von Plastik vermüllten Meer. Schmachten werde ich sie lassen, nachdem die Erde, einem Dampfbad gleich, zur heißen Feuchtkugel geworden ist, wo selbst das Schwitzen unmöglich wird. Ihre Ohren sollen widerhallen vom Gewimmer ihrer sterbenden Kinder und Enkel ..."

Eilig fügte ich hinzu: „Und ich werde sie nach jedem dieser Alpträume aufwachen lassen, damit ihnen die Träume möglichst lebhaft in Erinnerung bleiben. Dann bringe ich sie wieder zum Einschlafen und mache sie zum nächsten Alptraum bereit."

„Wenn sie tagsüber wach sind, lasse ich Ihre Alpträume in Form von Halluzinationen und Wahnbildern regelmäßig wiederkehren", versprach Pasithea.

„Ich werde sie die Nacht fürchen lehren – die Alpträume gleichermaßen wie die Schlaflosigkeit", bemerkte Nyx düster.

„Sobald ihr sie ausreichend weichgeklopft habt, schicke ich ihnen im Traum Fantasiebilder einer gelebten Alternative. Begrünte Städte, Solarfarmen, Windparks, Kleinbetriebe, dichte Wälder, kleine Farmen mit fruchtbaren Böden,

Nutztiere, die im Freien weiden dürfen. Damit sie kapieren, dass es auch anders geht", machte sich Phantasos erbötig.

Da fiel mir ein, dass ich ja mit den Musen bestens befreundet bin, und ich schlug vor, dass man sie unbedingt ins Projektteam holen müsse. „Die Kunst öffnet den Blick fürs Wesentliche, indem sie das Herz anspricht und nicht nur den Verstand. Mit der rechten Inspiration durch die Musen wird es Kunstschaffenden schneller und besser gelingen, ihren abgestumpften Mitmenschen die Augen zu öffnen. Du, Phantasos, zeige den Forscherinnen und Forschern neue Lösungswege auf, indem du ihre Fantasie beflügelst. Für einen gesunden Schlaf mit der nötigen Erholung für Körper und Geist werde ich sorgen. Den Menschen in Kunst und Forschung können wir übrigens sämtliche Alpträume ersparen, die wissen ohnehin schon, wo es lang geht, die können wir als Verbündete betrachten."

Wir waren uns also einig.

„Wann fangen wir an?", fragte Morpheus erwartungsvoll.

„Unverzüglich, die Zeit drängt!", antwortete ich, setze mir meinen Kranz aus Schlafmohn auf und schulterte mein Füllhorn. „Es heißt doch, den Seinen gibt's der Herr im Schlafe? Und wir werden ihnen schon geben! Auf geht's! Hier kommen Hypnos Pandamator, der alles Fesselnde, und sein heldenhaftes Traumteam!"

15. Tinnitus

Oberstudienrat i.R. Neuritter war ein hochgebildeter Mann. Vor seiner Pensionierung hatte er am örtlichen Gymnasium Latein und Geschichte unterrichtet, und zwar mit derartiger Hingabe und Leidenschaft, dass er nie die Zeit gefunden hatte, sich auf Freiersfüße zu begeben. So kam es, dass er zum Hagestolz geworden war. Da er aber für seine Fachgebiete förmlich glühte, gelang es ihm, seine Schutzbefohlenen derart in seinen Bann zu ziehen, dass viele von ihnen ihm nach der Reifeprüfung in Freundschaft verbunden blieben und ihn regelmäßig besuchten. Einsam war er also auch im Ruhestand nicht.

Ein besonders inniges Verhältnis hatte er zu einem ehemaligen Schüler, mit dem er Vor- und Nachnamen teilte, zu Herrn Dr. Erich Neuritter, mittlerweile Facharzt für Hals, Nase und Ohren. Miteinander verwandt waren sie eindeutig nicht, sie hatten entsprechend nachgeforscht. Wie so oft im Leben, hatte es der pure Zufall so gefügt, dass sich ihre Lebenswege kreuzten. Da Dr. Neuritter seine Praxis im Wohnort seines alten Lateinlehrers unterhielt, ließ er es sich nicht nehmen, ihn mindestens einmal wöchentlich zu treffen oder zu besuchen. Ihre Gespräche waren für beide bereichernd und inspirierend, Dr. Neuritter schätzte die klarsichtigen Ratschläge seines ehemaligen Lehrers, während dieser mehr und mehr den medizinischen Beistand seines Schülers zu würdigen lernte. Mehr und mehr deshalb, weil die Zeit unaufhaltsam voranschritt und dem Herrn Oberstudienrat in Ruhestand etliche Altersbeschwerden und Wehwehchen bescherte, unter anderem einen handfesten Tinnitus.

Besagter Tinnitus hatte den betroffenen Oberstudienrat am Anfang gestört, ja beunruhigt. Ob man da nichts machen könne, wollte er von seinem Namensvetter wissen. Nicht wirklich, erklärte ihm dieser, für die meisten der angebotenen Therapien liege kein durch Studien belegter Wirknachweis vor, am besten sei es, man akzeptiere den Zustand und gewöhne sich daran. Noch besser, er stelle sich vor, er höre Sphärenklänge, kosmische Musik, verursacht durch die Bewegungen der Himmelskörper, wie Pythagoras von Samos sie einst beschrieben hatte. Das habe er doch damals in der Achten mit ihnen übersetzt, die Stelle bei Cicero aus De re publica.

„Ah, den Somnium Scipionis, den Traum Scipios", lachte der alte Oberstudienrat. Dr. Neuritter war in Erinnerung geblieben, dass es laut Cicero ja einige wenige Menschen gebe, die diese Himmelsmusik wahrnehmen könnten. Auch in Mozarts Einakter „Il sogno di Scipione" werde beschrieben, wie Scipio die Sphärenmusik zu hören vermag, die sonst für menschliche Ohren nicht wahrnehmbar sei.

„Da gehöre ich jetzt also zum illustren Kreis der wenigen Hellhörigen ", seufzte der Oberstudienrat säuerlich.

Allmählich fand der Alte jedoch Gefallen an dem steten Rauschen und pulsierenden Strömen in seinen Ohren, weil er sich eine Erklärung dafür zurechtlegte, die ihm passender schien als die Vorstellung, er lausche himmlischen Sphärenklängen.

„Es ist das Geräusch der fliehenden Zeit, welches ich da höre!", dachte er bei sich. Wie ein endloser Fluss wogte sie vorbei, die Zeit, in ewigem Strömen vorbeiziehend, unaufhaltsam, ohne Unterlass, einen flüchtig erfahrbaren Augenblick nach dem anderen hinwegspülend und hinter sich lassend, und beharrlich Stück für Stück von der Zukunft ausschwemmend und verschluckend. Voran, vorbei, ist schon gewesen. Weiter, weiter voran. Schon wieder vorbei. Und nochmals weiter. Er lauschte diesem Zeitstrom, stellte sich vor, wie die unsichtbaren Fluten ihn trugen, vertraute sich ihnen an, mit geschlossenen Augen, geriet in einen meditativen Schwebezustand. Und stellte fest, dass er gegen den Strom zu schwimmen vermochte, indem er sich seine Erinnerungen ins Bewusstsein holte. Erlebtes rang er stückweise der Vergangenheit ab, Erlesenes und Erlerntes verhalfen ihm zur Zeitreise in längst verflossene Epochen. Nach Lust und Laune wandelte er auf dem Forum Romanum, hielt imaginäre Zwiesprache mit Kant, umkreiste mit Jurij Gagarin im Raumschiff Vostok1 erstmals die Erde. Nur die Zukunft blieb ihm vage. Schwamm er mit dem Strom der fliehenden Zeit und nicht dagegen, vermeinte er festzustecken. Vom Zeitstrom konnte er sich zwar tragen lassen, in ihm beschleunigt voranschwimmen konnte er jedoch nicht. Die Enttäuschung darüber weckte ihn zumeist aus den Phasen tiefer Versenkung und brachte ihn ins reale Leben zurück.

Hatte er Ablenkung durch Besucher, durch zu bestreitende Einkaufsgänge oder andere anstehende Erledigungen, wurde das Rauschen in seinem Kopf leiser, sodass er es zuweilen völlig vergaß.

Unlängst sprach Dr. Neuritter den alten Oberstudienrat darauf an, wie es ihm mit seinem Tinnitus ginge.

„Tinnitus?", antwortete der Oberstudienrat. „Für mich ist dieses Rauschen das Geräusch der fliehenden Zeit. Es ist nicht jedem vergönnt, die dahinfliehende Zeit so wahrzunehmen, wie ich es jetzt kann. Eines ist mir klar geworden: Der beste Ort im Strom der Zeit ist der flüchtige Augenblick. Er kann zwar nicht verweilen, aber er wird uns zur Brücke in die Zukunft. Aus dem gegenwärtigen Augenblick heraus können wir die Zukunft gestalten. So ist der Augenblick im Strom der fliehenden Zeit wohl das Kostbarste, was wir haben. Carpe diem eben, wie der Lateiner zu sagen pflegt."

„Das Geräusch der fliehenden Zeit …", sagte Dr. Neuritter nachdenklich. „Da stört Sie also Ihr Tinnitus gar nicht mehr?"

„Nicht im Geringsten!", meinte der alte Oberstudienrat.

Gabriele Bina: Herbst-Zeitlose 2015

16. Wer nicht hören will

Als der Herr über Leben und Tod, den die Menschen Gott nennen, wieder einmal sein Werk betrachtete, sah er, dass ordentlich Feuer am Dach war. Diesmal schien es ihm ratsam, sich ein wenig einzumischen. Zwar hatte er seine vernunftbegabte Spezies mit freiem Willen ausgestattet – denn etwas anderes hätte er nicht für angebracht gehalten – aber als er so sah, wie arg sie es in letzter Zeit wieder trieben, erkannte er dringenden göttlichen Handlungsbedarf.

Intelligent waren sie ja, die Menschen, seit sie vom Baum der Erkenntnis genascht hatten, aber ihre zahlreichen Erfindungen und Konstrukte entglitten nach und nach ihrer Kontrolle, worüber sie mehr und mehr in Streit gerieten, sodass sie einander zu hassen begannen. Obwohl sie sich nach nichts mehr sehnten als nach Frieden, fiel ihnen in ihrer Verblendung nichts Besseres ein, als Kriege zu führen. Diesen Holzweg beschritten sie zwanghaft immer wieder. Rein theoretisch hätten sie ja aus der Geschichte lernen können, aber kurz wie ihr Leben war meist auch ihr Gedächtnis, und obendrein gelang es den einsichtigen Älteren nicht immer, die Lektionen, die ihnen die Geschichte verpasst hatte, an die nachfolgende Generation weiterzugeben. Vergeblich hatte Gott den Menschen offenbart, was zu offenbaren gewesen war, und ihnen sogar etliche Propheten nebst einem Messias geschickt – Mitleid und Erbarmen waren nahezu in Vergessenheit geraten, und die Menschen führten verbissen einen Krieg nach dem anderen.

Deshalb beschloss der Herr über Raum und Zeit, seinen Kindern diesmal eine eindringlichere, ja grausame Lektion zu erteilen.

Er versetzte den gesamten Planeten in eine Zeitschleife und ließ die Menschen immer wieder denselben Tag erleben. Dieselben Bomben, dieselben Bodenminen, denselben bodenlosen Hass, dasselbe himmelschreiende Leid, dieselben Tränen der Verzweiflung, Tag für Tag für Tag.

Anfänglich wussten die Menschen gar nicht, wie und was ihnen da geschah, aber allmählich begriffen zumindest einige, was vor sich ging, und plötzlich titelten alle Tageszeitungen, verkündeten alle Fernsehkanäle das Unglaubliche, ja Unmögliche: „Wir sitzen in einer Zeitschleife fest". Es herrschte allgemeines Köpfekratzen, man war erstaunt und ratlos. Ewig derselbe Tag? Ewig Krieg? Ewig Blut, Schweiß und Tränen? Keine Aussicht auf einen Sieg, auf eine bessere Zukunft, auf ein wenig Glück?

Als schließlich ein Kind vorschlug: „Aber warum machen wir es nicht einfach anders? Es ist zwar derselbe Tag, aber wir müssen ja nicht dasselbe tun!", fiel es den Menschen wie Schuppen von den Augen. Ja, sie bräuchten es ja nur anders zu machen. Wenn sie schon nichts hätten als diesen einen Tag, dann wollten sie ihn friedlich verleben. Sie legten die Waffen nieder, gingen aufeinander zu und erblickten in ihren Feinden wieder Mitmenschen, und Friede kehrte ein in ihre Herzen.

Sie hatten gehört, sie hatten gefühlt, sie hatten ihre Lektion gelernt. Da konnte der Herr über Leben und Tod die Zeit wieder in Gang setzen.

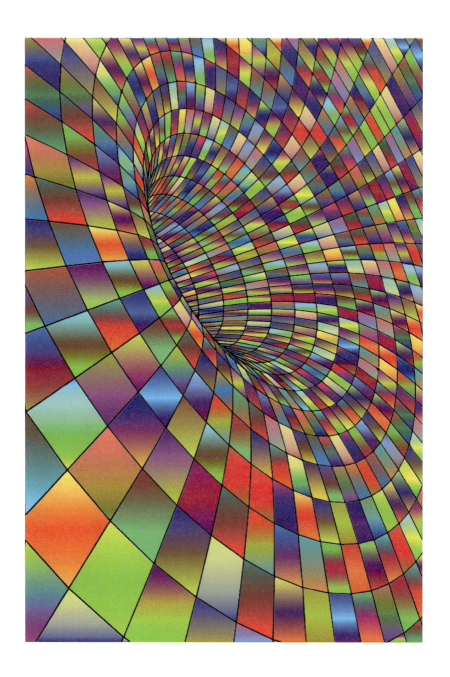

17. Da Capo

Jäh und unvermutet waren sie hinter den Bäumen hervorgetreten, in silbrig-weißen Gewändern, die in der untergehenden Sonne leuchteten und an denen unsere Pfeile und Speere wirkungslos abglitten. Sie kamen näher, schritten zielstrebig auf uns zu. Zur Flucht war es zu spät, zu leicht hätten sie uns eingeholt. Uns blieb nur, ihr Herankommen angststarr abzuwarten. Da bedeutete ihnen ihr Anführer, die Arme auszubreiten, um uns zu zeigen, dass sie keine Waffen führten, und sie verneigten sich vor uns. Was wollten sie, wozu waren sie gekommen?

Mir als Ältestem unserer Sippe kam es wohl zu, das herauszufinden. Also ging ich ihnen entgegen. Ihr Anführer tat sich einen flachen Helm auf den Kopf und forderte mich mit einer Geste auf, es ihm gleichzutun, indem er mir einen ebensolchen Helm reichte. Ich setzte ihn zögerlich auf und verstand erleichtert, dass sie in Frieden gekommen waren und uns etwas Wichtiges mitteilen wollten. Ich solle das den Meinigen sagen, damit sie aufhörten, sich zu ängstigen.

Unsere Furcht wich der Neugier, und wir machten ihnen Platz, damit sie sich zu uns ans Feuer setzen konnten. Der wundersame Helm ließ mich die Gedanken ihres Anführers verstehen, ohne dass er zu mir hätte sprechen müssen, und offenbar konnte auch er sehen, was ich dachte. Wir tauschten also unsere Gedanken und teilten sie daraufhin den Unsrigen sprechend mit.

Staunend erfuhren wir, dass sie aus der Zukunft kamen. Sie hatten ein Sternenschiff, mit dem sie durch Raum und Zeit gereist waren – auf der Suche nach einem Platz, an dem sie leben konnten. Denn in törichtem Unverstand hatten sie und Ihresgleichen die Welt, aus der sie kamen, nach und nach zerstört, so lange, bis sie unbewohnbar geworden war. Nach längerem Suchen hatten sie erkannt, dass es einen anderen bewohnbaren Himmelskörper in einer für sie erreichbaren Entfernung nicht gab. Also hatten sie alles daran gesetzt, zu uns in die Vergangenheit zu reisen, und da waren sie also, sie, unsere Nachfahren, Kinder und Kindeskinder, die aus der Zukunft zu uns geflohen waren. Wobei das Wort Kinder nicht mehr so recht auf sie passte, denn sie waren alle bis auf einen schon reichlich alt. Sie wollten, bevor sie stürben, uns einiges an Nützlichem lehren, was uns das Leben gewiss spürbar erleichtern würde. Und vor allem wollten sie uns warnen, nicht in dieselben Fehler zu verfallen, die sie begangen hatten.

Wir verstanden, dass sie uns helfen und beschenken wollten, weil wir Ihresgleichen und sie Unsresgleichen waren. Wir nahmen sie also in Freundschaft und Liebe auf. Und kamen überein, den Weg in die Zukunft mit ihnen gemeinsam zu wagen.

Nur einer von ihnen war noch jung. Er war auf der Sternenreise geboren worden, wie mir ihr Anführer durch den Helm mitteilte. Mir war aufgefallen, dass dieser junge Mann immer öfter mit unverhohlener Neugierde auf meine Tochter Setha blickte, die ihn ebenso neugierig zu mustern begann. Lächelnd nahm ihr Anführer seinen Helm ab und setzte ihn dem Jüngling auf. Ich verstand und übergab meinen Helm an Setha.

Mittlerweile war es dunkel und merklich kühler geworden. Wir saßen nachdenklich ums wärmende Feuer und hielten auf Holzstäbe gespießte Fleischstückchen über die Flammen, um sie zu braten. Die Zeit floss beharrlich in eine Richtung und tat so, als ob es keine Zeitreisenden gäbe. Zeitreisende, die es geschafft hatten, gegen den Zeitenstrom zu schwimmen.

Meine Tochter Setha und der Jüngling aber hatten die Helme zur Seite gelegt und hielten sich an den Händen. Sie verstanden einander auch so.

18. Schon welkt dein Herbst dem Alter zu

I

„Süß ist die Jugend, und beschwerlich das Alter, und am Ende sehen wir uns alle die Radieschen von unten an", das war es, was dem alten Dichter durch den Kopf ging, als er das leere Blatt Papier betrachtete, das vor ihm auf dem Tisch lag. Wo waren seine Ideen geblieben, wo seine Schaffenskraft, wo sein inneres Feuer? Er ließ seine Finger bedächtig durch seinen ergrauten Schopf gleiten und massierte ein wenig den trockenen Haarboden, um das dumpfe Gefühl aus seinem Kopf zu verjagen. Wenigstens vor einer Glatze hatte ihn das Schicksal bewahrt, dachte er, aber das war wohl seinen Genen zu verdanken. Keiner seiner Verwandten war im Alter kahl geworden, soweit er sich entsinnen konnte.

Er verließ seinen Platz am Schreibtisch, um sich ein wenig die Beine zu vertreten. Gedankenverloren trat er ans Fenster und blickte in den herbstlichen Garten hinaus. Die Blätter der Bäume begannen sich schon bunt zu färben, aber das Gras stand noch grün und saftig da. Pötzlich stutzte er. Was war denn das? Stand da nicht ein Pferd in seinem Garten? Er nahm die Brille von der Nase, griff zu einem Rehlederfleck und putzte deren Gläser, um sie dann gleich wieder aufzusetzen. Tatsächlich, da stand ein weißes Pferd und weidete seinen Rasen ab.

Ungläubig durchquerte der Dichter das Zimmer, öffnete die Terrassentür und trat in den Garten hinaus. Das Pferd hob den Kopf, müde, wie es ihm schien, und schnaubte ihn an, als ob es ihn erwartet hätte. Es ging sogar einige Schritte auf ihn zu. Er sah, dass das Pferd am linken Vorderlauf lahmte. Sein Fell war struppig und seine Mähne ungepflegt, und es war so mager, dass man seine Rippen zählen konnte.

„So ein armer Kerl", wallte es dem Dichter durchs Gemüt. Da sah er, dass das Pferd Flügel hatte! Einer der Flügel, der linke, herzseitige, hing traurig herunter.

„Pegasus!", entfuhr es dem Dichter, und das Pferd antwortete ihm mit einem traurigen Wiehern.

Eilig füllte der Dichter einen Kübel mit Wasser und gab dem geflügelten Pferd zu trinken. Der Pegasus trank dankbar und in großen Zügen. Der Dichter überlegte. Ein Tierarzt musste her, Stroh als Einstreu für den Gartenschuppen, der behelfsmäßig als Pferdestall dienen konnte, und Heu, Hafer, Möhren und Äpfel und was Pferde sonst noch fraßen. Mit Nektar und Ambrosia konnte er ja wohl nicht dienen. Der Pegasus rieb seinen Kopf an des Dichters Schulter und fuhr dann fort, das Gras in dessen Garten abzuweiden. Unschwer zu erraten, dass er sehr hungrig war.

Der Dichter rief einen ihm bekannten Bauern an und teilte ihm mit, dass ihm ein Pferd zugelaufen sei und er Einstreu und Pferdefutter brauche. Von den Flügeln erzählte er wohlweislich nichts, ja, er warf dem Pegasus eine Decke über, damit man die Flügel nicht sah.

Der Bauer kam prompt, half dem Dichter, den Boden des Schuppens mit Stroh zu polstern, führte das vermeintliche Pferd in dessen neue Behausung und gab ihm Hafer und Möhren zu fressen.

„Wollen Sie ihm das Gnadenbrot geben?", fragte der Bauer. Der Dichter nickte. „Viel wird aus dem alten Klepper nicht mehr herauszuholen sein, aber er ist offenbar ein gutmütiger Kerl." Der Bauer war selbst ein Pferdenarr und schien erleichtert, dass dem alten Vierbeiner der Abdecker erspart blieb. Als sich der neue Bewohner des Gartenschuppens sattgefressen hatte, legte er sich ins Stroh, schnaubte zufrieden und schlief unter seiner Decke ein.

II

Auch der Dichter befand, dass es Zeit war, zu Bett zu gehen. Ganz in Gedanken versunken nahm er sein bevorzugtes Abendessen zu sich, etwas Brot, Käse und Rotwein, und lauschte dazu der Arie des Simon aus Haydns „Jahreszeiten", wie er es vor dem Einschlafen neuerdings immer tat. Der Text des Librettisten Gottfried van Swieten berührte ihn tief, so, als ob die Zeilen direkt an ihn gerichtet wären:

> „Erblicke hier, betörter Mensch,
> erblicke deines Lebens Bild!
> Verblühet ist dein kurzer Lenz,
> erschöpfet deines Sommers Kraft.
> Schon welkt dein Herbst dem Alter zu;
> schon naht der bleiche Winter sich,
> und zeiget dir das offne Grab."

Ja, das Altwerden. Die Vergesslichkeit. Das Knacken in den steifer und steifer werdenden Gelenken. Die Atemlosigkeit beim Stiegensteigen. Das Versiegen der Spannkraft. Die miese Aussicht auf das Betrachten der Radieschen von unten. Und das

Erkennen der Holzwege, die man gegangen ist, und mit denen man kostbare Lebenszeit vergeudet hat.

> „Wo sind sie nun, die hoh'n Entwürfe,
> die Hoffnungen von Glück,
> die Sucht nach eitlem Ruhme?"

Der Dichter konnte nicht umhin, sich zu fragen, wieviel Zeit ihm wohl geblieben war.Seufzend legte er sich ins Bett und schlief ein. Im Traume sah er sich als junger Mann auf Pegasus reiten, dem himmlischen Pferd voll Ungeduld die Fersen in die Flanken rammend. Kein Ritt konnte ihm schnell genug, lang genug, hoch genug sein. Befallen von der Sucht nach eitlem Ruhme, gönnte er Pegasus keine Ruhe. Gnadenlos trieb er ihn an, bis das Dichterpferd schließlich abstürzte und sich einen Flügel brach.

Mit einem Schlage war der Dichter wach. Schreckensstarr saß er im Bett. Er selbst war es also gewesen, der Pegasus zuschanden geritten hatte, gierig nach schnellem Erfolg und vordergründigem Applaus! Die Inspiration hatte er sich und dem Pferd förmlich abgepresst, nehmen hatte er wollen und nicht geben. Ein eitler Schnösel auf dem Egotrip, und nicht ein Künstler, der den Menschen Wege aus der Finsternis weist. Wie hatte er sich so an Pegasus und seiner eigenen dichterischen Sendung vergehen können?

III

Der Tierazt kam in den frühen Morgenstunden. Er war zwar nicht mehr der Jüngste, aber er liebte seinen Beruf und übte ihn gewissenhaft aus. Der Dichter führte ihn in den Gartenschuppen und nahm mit gemischten Gefühlen die Decke vom Rücken des

Pferdes, sodass man dessen Flügel sehen konnte. Der Tierarzt runzelte die Stirn und blies mit einem pfeifenden Geräusch die Atemluft durch die gespitzten Lippen.

„So etwas sieht man wohl nicht alle Tage?", meinte der Dichter. Der Veterinär machte eine wegwerfende Handbewegung und antwortete:

„Das nicht, aber ab und zu sieht man doch Vergleichbares!" Und während er vorsichtig den herabhängenden Flügel des Pferdes abtastete, begann er zu erzählen.

„Einer meiner Patienten war ein in die Jahre gekommener Satyr mit Leberproblemen, der einem Winzer zugelaufen war. Ich musste Sonnenbrillen tragen, wenn ich seine Klauen pflegte, sonst hätte er mich hypnotisiert. Obwohl der Satyr seinem Winzer lästerliche Schmähreden an den Kopf warf, wenn ihm das Essen nicht schmeckte, war der Winzer gut mit ihm bedient, denn wenn der Satyr einen Weinstock berührte, trug dieser Trauben, aus denen mit Sicherheit preisgekrönte Weine wurden."

Der Dichter staunte, auch wenn das jemandem, der selbst einen Pegasus im Schuppen stehen hatte, eigentlich nicht zustand.

„Oder der Matrose, der von einer seiner Seefahrten eine Nixe mitgenommen hat, die er heiß liebt. Sie wohnt im Sommer im Swimmingpool und im Winter im Jacuzzi, den er für sie hat einbauen lassen. Ist noch heute meine zufriedene Patientin."

Der Dichter sah den Veterinär mit offenem Mund an.

„Kein Seemannsgarn, sondern die reine Wahrheit", fuhr der Tierarzt fort. „Eine Zwergsphinx hatte ich auch, sie konnte phantastisch gut Schach spielen und hielt Online-Kurse. Da man durch die Webcam nur ihren menschlichen Kopf sah und nicht ihren Löwenkörper, ging das auch ohne Probleme vonstatten. Ihr Quartiergeber trieb es aber zu bunt, und sie ist ihm unlängst entlaufen."

Mittlerweile hatte der Tierarzt den Flügel eingerichtet. Er war nur verrenkt gewesen und nicht gebrochen. Er fixierte den Flügel mit einem medizinischen Klebeband am Körper des Pegasus und zeigte dem Dichter, wie man ein Pferd striegelt und dessen Mähne und Schweif pflegt. Nach genauer Anweisung, wie und womit das Fabelwesen zu füttern sei, packte er seine Arzttasche und verließ den Schuppen mit den Worten:

„In drei-vier Wochen müsste er sich erholt haben, dann kann er auch den Flügel wieder belasten. Ich schau nächste Woche wieder vorbei, wenn's recht ist. Und wenn er draußen weidet, legen Sie ihm die Decke um, die Leute könnten sonst irritiert sein, wenn sie die Flügel sehen."

IV

Und der Pegasus kam sichtlich zu Kräften. Sein Fell begann zu glänzen, und die Rippen zeichneten sich immer weniger an seinen Seiten ab. Vergnügt weidete er tagsüber im Garten des Dichters und ließ sich Hafer, Äpfel und Möhren schmecken. Er genoss sichtlich die Gesellschaft des Dichters, und auch dem Dichter lachte das Herz, wenn er den Pegasus betrachtete.

Der Dichter begann wieder zu schreiben. Er hatte einen Sessel und ein kleines Schreibpult in den Schuppen getragen, um beim Schreiben seinem Pegasus nahe zu sein. Die Rollen zwischen Helfer und Hilfesuchendem wechselten und waren nicht immer klar auszumachen. Fest stand, dass das Verweilen beieinander beiden guttat.

Je mehr der Pegasus genas, desto kräftiger und belastbarer wurde auch der Dichter. Er hörte auf, mit dem Älterwerden zu hadern, da er spürte, wie seine Schaffenskraft zu ihm zurückkehrte und das Alter keine Rolle mehr zu spielen schien. Im Gegenteil: Erstmals gelang es ihm, aus dem Schatz seiner Erfahrungen bewusst zu schöpfen, vieles, was ihm in Vergessenheit geraten war, tauchte wieder vor seinem geistigen Auge auf. Er erkannte bisher unentdeckte Zusammenhänge, und es drängte ihn, sie in Worte und sprachliche Bilder zu fassen, um sie anderen Menschen zu erschließen. Seine Eitelkeit hatte sich in Luft aufgelöst. Um den Beifall ging es ihm nun nicht mehr, er wollte die Sicht der Dinge, die sich ihm offenbarte, anderen Menschen zugänglich machen, nicht mehr und nicht weniger.

Das Papier auf dem Schreibpult blieb nicht länger leer: Er schrieb lustvoll, zügig und mit erstaunlicher Leichtigkeit. Es gelangen ihm eine Reihe wunderbarer Gedichte, die die Dinge hinter den Dingen erfahrbar machten. Mit jedem dieser Gedichte fand er ein Stück weit näher zu sich. Seine dichterische Potenz war zu ihm zurückgekehrt, das Altern war ihm nunmehr ohne Belang, und der Tod schreckte ihn nicht mehr. Er ruhte nach langer Zeit endlich wieder in sich. Der Dichter war glücklich.

V

Wie der Tierarzt vorausgesagt hatte, dauerte es nicht lang, bis der Pegasus versuchte, seine Flügel zu regen. Und binnen Monatsfrist startete er seine ersten Flugversuche. Der Dichter achtete darauf, dass er das vornehmlich in den frühen Morgenstunden oder spät abends tat, wenn kaum jemand aus der Umgebung unterwegs war. Und eines Abends – der Mond war bereits aufgegangen – war es so weit: Der Pegasus nahm einen kräftigen Anlauf und erhob sich schließlich aus vollem Galopp, sich mit den Hinterbeinen energisch abstoßend, mit kräftigen Schlägen seiner weißbefiederten Schwingen in die Lüfte. Er wieherte freudig auf, triumphierend und mit Stolz flog er weite Kreise über des Dichters Dach. Dem Dichter lachte das Herz im Leibe, als er ihn so fliegen sah. Pegasus war wieder fast er selbst.

Der Dichter wusste, es würde nicht mehr lange dauern, bis Pegasus einen Reiter werde tragen können, und der Reiter würde er, der alte Dichter, sein.

Deshalb begann er, fleißig auf seinem Fahrradergometer zu trainieren und zimmerte sich ein Holzgestell, auf dem er das Aufsteigen üben konnte, denn er war schon lange in keinem Sattel gesessen. Das Knacken seiner Gelenke verging, er wurde allmählich beweglicher und elastischer, und nach und nach verlor sich selbst die Atemlosigkeit beim Stiegensteigen.

VI

In der Umgebung häuften sich Berichte über seltsame Wolkenformationen. Zuweilen, meist war es früh morgens oder abends bei Mondaufgang, vermeinten die Leute, weiße Wolken zu beobachten, die über den Horizont hinzogen, oft, wie es schien, entgegen der Windrichtung und eigenartig zielstrebig, so, als ob sie einen bestimmten Punkt anpeilten. Dann aber konnte es geschehen, dass die Wolke sich unvermutet drehte und in die Gegenrichtung aufmachte, was bei den Beobachtenden große Verwunderung auslöste. Zudem hatte die Wolke – und es war immer nur eine – eine gewisse Ähnlichkeit mit einem weißen Pferd, das auf flinken Beinen den Himmel zu durchmessen schien. Manche wollten auch Flügel ausgemacht haben. Ein weißes Pferd mit Flügeln also, vergleichbar einem Pegasus, wie man ihn aus der griechischen Mythologie kennt.

Die Meteorologen konnten nicht umhin, die eigenartigen Wolkenphänomene zu benamsen. Neben Cirrhus, Cumulus und Stratus in ihren Varietäten undulatus, lacunosus und floccus gab es jetzt offenbar auch noch den Wolkentyp Pegasus. Man schrieb sein Entstehen dem Klimawandel zu und erwähnte sein Auftreten gelegentlich im Wetterbericht, ging aber dann wieder zur Tagesordnung über.

Der Tierarzt und der Dichter, die es besser wussten, dachten sich ihr Teil und schwiegen. War auch besser so, denn man hätte ihnen ohnehin nicht geglaubt, hätten sie etwas Stichhaltigeres dazu gesagt.

VII

Seit der Pegasus bei ihm wohnte, hatte der Dichter begonnen, intensiv zu träumen, und da er spürte, dass diese Träume seinem tiefsten Inneren entsprangen, lernte er, auf sie zu hören. Vielfach erfüllten sich diese Träume dann auch, und nach und nach boten sie ihm einen Spalt, durch den er, oft in verschlüsselter Form, ein wenig in die Zukunft blicken konnte.

In einem seiner Träume geschah es nun, dass der Pegasus auf den Dichter zutrat und ihn mit dem Kopf an der Schulter anstieß, so, als ob er sagen wollte: „Komm, steig auf, es ist Zeit, dass wir uns auf den Weg machen. Der Olymp hat uns zu sich geladen, die Götter warten schon viel zu lange auf eine Dichterlesung. Nimm also deine besten Texte mit!" Und der Dichter verstand. Was ihm bevorstand, war nicht ein banaler Besuch von Freund Hein mit anschließender Besichtigung der Radieschen von unten, nein: Er würde Pegasus besteigen zu einem letzten Ritt, sie würden fliegend den lichtdurchfluteten Himmel durchmessen bis zum Olymp zu den Unsterblichen, die seinen Versen lauschen und ihre Unsterblichkeit mit ihm teilen würden.

VIII

Noch aber war es nicht so weit, der letzte Ritt stand auf dem Terminplan ganz hinten, das war dem Dichter klar und, nebenbei bemerkt, auch nicht ganz unrecht. Noch war ja nicht einmal der erste Ritt auf Pegasus absolviert. Aber er würde kommen, der Tag des ersten Ausrittes, und der Dichter sah ihm mit Spannung entgegen.

Ja, es würde der erste Ritt sein, zumindest der erste manifeste, in die Realität übergetretene. Das war ja das Frappante an Pegasus. Er war an jenem Tag vor fünf Wochen, als ihn der Dichter erstmals wie verloren auf seinem Rasen hatte weiden sehen, leibhaftig in sein Leben getreten. Nicht als bloße Metapher oder ein mythologisches Wesen, das man nur vom Hörensagen kennt, sondern als geflügeltes Pferd aus Fleisch und

Blut, das jetzt seinen Gartenschuppen bezogen hatte und tägliche Übungsflüge absolvierte. Hätte nur er, der Dichter, den Pegasus gesehen und nicht auch der Tierarzt, hätte er sich selbst für verrückt gehalten. Der Tierarzt aber hatte offenbar auch noch andere Patienten, die nicht ganz von dieser Welt zu sein schienen, und selbst die nüchternen Wetterfritzen mit ihrer neuen Wolkentypologie schienen am Rande etwas mitbekommen zu haben. Zu Schanden geritten hatte der Dichter seinen Pegasus allerdings nur im virtuellen Raum der Phantasie, so, wie es ihm sein Traum kundgetan hatte. Manifest und greifbar war nur sein eklatantes Fehlverhalten gewesen, das im Schreiben aus schierer Eitelkeit und Ruhmessucht bestanden hatte. Wohl zur Strafe für dieses Fehlverhalten war ihm das Schreibpapier für lange Zeit leer geblieben. Bis sich die olympischen Götter seiner erbarmt und ihm einen – nämlich seinen – leibhaftigen Pegasus geschickt hatten. Aber allzuviel wollte er gar nicht darüber nachdenken, er fand, es sei besser, alles zu nehmen, wie es nun einmal war.

Da spürte der Dichter, wie ihn sein Pegasus anschnaubte und ihm zärtlich seinen Pferdeatem ins Gesicht blies. Er schüttelte unternehmungslustig die Mähne und kniete mit eingeknickten Vorderbeinen vor ihm nieder, damit er, der Dichter, leichter aufsteigen konnte. Ohne zu zögern, erkletterte der Dichter den Pferderücken und hielt sich an der Mähne fest. Pegasus rappelte sich zurecht, der Dichter hielt seine Beine so, dass er den Flügeln seines Pegasus nicht störend in die Quere kam, und schon galoppierte Pegasus los, um sich den nötigen Schwung für den Startvorgang zu holen. Und – schwupps – hob er sich mit weitausladenden Flügelschlägen ins Farbenspiel des Sonnenunterganges. Sie flogen!

Sie flogen! Menschheitstraum, Kindheitstraum, das Ding der Unmöglichkeit schlechthin war wahr geworden! Heißt es nicht, alles, was Flügel hat, fliegt? Und Pegasus hatte ja Flügel! Und Pegasus flog, und trug ihn, den Dichter, auf seinem Rücken! So schnell flog Pegasus, dass dem vor Glück atemlosen Dichter der Wind um die Ohren pfiff und sein Silberhaar im Luftstrom flatterte. Höher und höher stiegen sie auf, die abendliche Herbstlandschaft breitete sich unter ihnen wie ein bunter Teppich: Golden leuchtete das Laub der Weingärten, die kurz vor der Lese standen, zu ihnen herauf, silbergrau schlängelten sich unter ihnen die Asphaltbänder der Straßen, wie Bauklötzchen standen die Häuser des Dorfes in Reih und Glied nebeneinander. Krächzend flog ein Schwarm Saatkrähen an ihnen vorbei, offenbar erstaunt darüber, dass sich ein fliegendes Pferd mit ihnen den Luftraum teilte. Dem Dichter lachte das Herz im Leibe und er konnte nicht umhin, einige Male laut aufzujauchzen.

Ins Orangerot des Sonnenunterganges ragten blaugrau die Gipfel der nahe gelegenen Bergkette, der Tag war am Dahinschmelzen und wich mehr und mehr einem sanften Dämmerlicht. Als die Sonne unter dem Horizont verschwand, begannen die Straßenlaternen nach und nach, sich in funkelnde Lichterketten zu verwandeln, die zu Ihnen heraufleuchteten. Pegasus schnaubte, als ob er fragen wollte, wie es dem Dichter ginge. Der Dichter hätte gerne seinen Hals getätschelt, aber er wagte es nicht, die Mähne auszulassen, an der er sich festhielt. Deshalb beschränkte er sich darauf, dem Götterpferd beruhigend zuzusprechen.

Es wurde dunkler und dunkler , und die Sichel des zunehmenden Mondes tauchte die Erde in ein fahles Licht. Die Lichtinseln der Siedlungen und Städte leuchteten zu ihnen herauf, so hell, dass man die Sterne kaum sehen konnte. Pegasus schickte sich an, einen weiten Bogen zu fliegen und den Rundflug zu beenden.

Die Schönheit des Planeten breitete sich unter ihnen in all ihrer Einzigartigkeit und Kostbarkeit, und der Dichter sog sie auf mit allen seinen Sinnen. Diesen Planeten galt es zu bewahren. Untertan hatten sich die Menschen die Erde ja schon hinlänglich gemacht, so rigoros, dass sie drauf und dran waren, sie und mit ihr ihren eigenen Lebensraum zu zerstören. Dieser Torheit galt es, Einhalt zu gebieten, dagegen wollte er anschreiben, das wollte er durch seine Bücher fassbar machen. Inbrünstig hoffte er, dass ihm dies gelänge, gleichzeitig befürchtend, dass es noch etlicher Ausritte auf Pegasus bedürfen würde, um ihn dazu zu befähigen.

Pegasus hatte seinen Rundflug fast beendet und schickte sich an, zur Landung anzusetzen. Nun erkannte auch der Dichter die Solarpaneele am Dach seines Hauses, die das Mondlicht reflektierten. Zielstrebig näherte sich Pegasus dem Rasenstück vor dem Gartenschuppen und setzte präzise zur Landung an. Ein letzes weites Ausbreiten seiner Schwingen, um den Schwung des Anflugs zu bremsen, und schon setze er auf, die Beine entschlossen in den Boden stemmend. Wieder bog er die Vorderbeine ab, diesmal, um dem Dichter das Absteigen zu erleichtern. Steifgliedrig kroch der Dichter vom Rücken des Götterpferdes und tätschelte dankbar dessen Hals. Er führte Pegasus in den Gartenschuppen, tränkte ihn und gab ihm zu fressen, wie einem stinknormalen Gaul. Als sich Pegasus sattgefressen und sattgetrunken hatte, legte er sich ins Stroh, und der Dichter breitete eine wärmende Decke über ihn. Bald war Pegasus eingeschlafen, und der Dichter verließ leise den Gartenschuppen.

Der Garten lag da in nächtlicher Stille, die nur vom Zirpen einer vereinzelten Grille belebt wurde. Der Dichter betrat sein Haus, setzte sich an den Schreibtisch und hub unverzüglich an zu schreiben.

Anna Freudenthaler: My dragons 2021

19. Belladonna

I

Wunderschön war sie geworden. Eine feingliedrige Blondine mit strahlend blauen Augen und einem steten Lächeln auf den vollen Lippen, wohlproportioniert, mit erstaunlich geschmeidigen Bewegungen. Auf Letzteres war Alfred besonders stolz. Seine ersten Prototypen hatten sich ja eher linkisch bewegt, nach zwei Schritten hatte man ihnen schon angesehen, dass sie bloße Androiden waren. Aber Belladonna schritt einher wie eine Königin. Unzählige Videosequenzen von Modevorführungen eleganter Mannequins hatte er analysiert und ausgewertet, um sie danach in ausgeklügelte Algorithmen zu gießen, die den Gang Belladonnas steuern sollten.

„Sieh nur zu, dass du dich nicht in sie verliebst, du Möchtegern-Pygmalion!", hatte seine Mutter zu ihm gesagt. Alfred hatte lächelnd abgewunken.

„Dienst ist Dienst und Schnaps ist Schnaps!", hatte er ihr geantwortet. Schließlich hatte er Belladonna ja nicht aus Jux und Tollerei entwickelt, sondern im Auftrag von Digital Electronics. Seine Auftraggeber meinten, der Markt sei einfach reif für einen multifunktionalen weiblich gestylten Androiden, und, das musste Alfred zugeben, die Aufgabe, an dessen Entwicklung und Optimierung zu arbeiten, hatte ihn von Anfang an gereizt.

Dabei lag ihm nichts ferner, als sich wie weiland Pygmalion eine Wunschgeliebte zu bildhauern. Vielmehr schien ihm, er habe sich an den Wunschvorstellungen der potentiellen Käufer zu orientieren. Denn dass ein weiblicher Android vor allem die

Phantasie eines männlichen Zielpublikums beflügeln würde, war wohl zu erwarten. Also galt es, sich darüber klar zu werden, was es ist, wovon Männer träumen, und welche dieser Wunschträume Frauen ihnen überhaupt erfüllen können.

Ja, damit, wie Belladonna aussah und sich zu bewegen verstand, konnte Alfred wahrhaft zufrieden sein. Das war nach der Erstvorstellung auch die einhellige Meinung seiner Kontaktleute bei Digital Electronics gewesen. Sie wirke wie eine junge Frau aus Fleisch und Blut, hatte man begeistert gesagt, völlig natürlich und menschlich. Aber das waren ja eigentlich nur Äußerlichkeiten, Designergeschick und gekonnte Konstruktion. Doch jetzt ging es ans Eingemachte. Wie sollte Belladonna denken, handeln, sozial interagieren? Belladonna brauchte ein passendes Innenleben, sie musste beseelt werden, wenn man so sagen wollte. Alfred seufzte und kratzte sich nachdenklich am Kopf. Ein dickes Ding, bsonders, wenn man sich wie Alfred über die Besonderheiten der weiblichen Seele nicht so sehr im Klaren war. Und wie immer, wenn sich Alfred über etwas nicht so sehr im Klaren war, fragte er diesbezüglich seine Mutter.

II

„Die Besonderheiten der weiblichen Seele soll ich dir auflisten? Wie wäre es mit ein wenig eigenständiger Feldforschung, Versuchs-Irrtumslernen miteingeschlossen, mein lieber Sohnemann? Aber solange ich dir deine Socken wasche und dein Essen koche, scheint dir das wohl nicht der Mühe wert? Leg' dir endlich eine Freundin zu!", war ihre ruppige Antwort.

„Ach was! Meine Belladonna-Androiden wird es einmal im Geschäft zu kaufen geben, mit einer Freundin ist das nicht so leicht, sonst hätt' ich schon eine! Ich hab' also nur dich als Referenzperson!", brauste Alfred auf.

„Bist also ein Hagestolz wider Willen? Na gut, dann muss ich mir ja wohl gemeinsam mit dir den Kopf zerbrechen, was neben dem rein Anatomischen der Unterschied zwischen Männlein und Weiblein ist. Dir ist aber schon klar, dass man das momentan alles im Lichte des Patriarchates zu sehen hat? Von echter Gleichberechtigung zwischen den Geschlechtern sind wir noch Lichtjahre entfernt!", redete sich die Frau Mama allmählich in Fahrt. „Im Patriarchat haben die Männer das Sagen. Deshalb besteht ein riesiger Unterschied darin, wie Männer gerne hätten, dass Frauen sein sollen, und wie Frauen gerne wären, wenn man sie ließe. Soll also deine Belladonna eine Seele haben, die eine patriarchale Wunschprojektion ist, oder eine reale Frauenseele, wie immer die auch aussehen mag?"

Alfred musste vor sich zugeben, dass seine Mutter das Problem auf den Punkt gebracht hatte, und spann den Faden weiter:

„Es würde also genügen, wenn ich meine Belladonna-Androiden so programmiere, dass sie patriarchalen Wunschvorstellungen entsprechen, und sie würden weggehen wie die warmen Semmeln?"

„Exakt! Allerdings bringst du damit ein Produkt auf den Markt, dass den patriarchalen Status quo fortschreibt. Ich fürchte, damit ist niemandem wirklich geholfen."

III

Alfred war ein stets um Klarheit und Eindeutigkeit bemühter Mensch, und was er an seiner Mutter schätzte, war deren nüchterner Blick auf die Dinge.

Nach ihrem letzten Gespräch hatte er jäh erkannt, dass die anstehende Programmierung von Belladonna alles andere als wertfrei war. Bei allem, was er bisher konstruiert und an Programmen ausgetüftelt hatte, war es ihm ein Anliegen gewesen, seinen Mitmenschen damit etwas in die Hand zu geben, was ihnen das Leben erleichterte und sie ein wenig glücklicher machte. Was Belladonna betraf, war er sich nun nicht mehr so sicher, ob ihm das gelingen würde, ja, überhaupt gelingen könnte. Belladonna war alles andere als ein Allheilmittel gegen urbane Einsamkeit und unerfüllte Liebessehnsucht, auch wenn unfreiwillige Junggesellen sich das von ihr erhofften. Sie wäre bestenfalls ein Placebo gegen Liebessehnsucht, für selbstverliebte Egomanen jedoch wäre sie reines, wenn auch süßes Gift.

Alfred musste an Nathanael aus E.T.A. Hoffmanns Erzählung „Der Sandmann" denken, der vor lauter Entzücken über eine gewisse Olimpia seine Verlobte Clara zu vergessen bereit war. Clara wagte es nämlich, seine Verse kritisch zu kommentieren! Olimpia hingegen neigte nur das süße Köpfchen und sagte: „Ach! Ach!", wenn er ihr seine Verse vorlas, was Nathanael für vorbehaltlose Bewunderung hielt – für einen Narziss der reine Seelenbalsam! Umso größer war seine Enttäuschung, als er schlussendlich erkennen musste, dass Olimpia nicht mehr war als eine kunstvoll gefertigte mechanische Puppe.

War also alles schon dagewesen, man musste die Methapher nur zu Ende denken. Einem selbstverliebten Narziss geht es nicht um Beziehung, sondern um Götzendienst am Ego, nicht um Selbsterkenntnis im liebenden Gegenüber, sondern allein um eitle Selbstbespiegelung.

All dem wollte und konnte Alfred nicht Vorschub leisten. Seine Belladonna sollte nicht die Egomanie befeuern, sondern ihre künftigen Besitzer gesellschaftsfähiger machen, ihnen beim Lernen helfen, sie gegenbenenfalls zur Selbstreflexion bringen, und ihnen den Alltag erleichtern.

IV

Belladonna erwies sich als ausgesprochen gelehrige Schülerin, denn ihre Algorithmen waren selbstverbessernd, sie konnte gespeicherte Daten blitzschnell kombinieren und aus ihnen logische Schlüsse ziehen. Ihre Spracherkennungssoftware funktionierte klaglos, und ihre Antworten wurden zusehends kohärenter und komplexer, je mehr Alfred mit ihr sprach. Alfred hoffte, Belladonna werde sich allmählich ganz von selbst zu etwas wie einer eigenen Persönlichkeit entwickeln, und ihre Androidenseele werde nicht bloß aus einer Anhäufung patriarchaler Wunschvorstellungen bestehen.

Dabei war Alfred bewusst auf der Hut vor sich selbst und seinen eigenen Träumen in Bezug auf Frauen. Hatte ihn seine Mutter doch unlängst einen Möchtegern-Pygmalion geheißen. Der wollte er keineswegs sein. Eine Love-Story zwischen einem Menschen und einem Androiden schien ihm lächerlich, wenn nicht gar pathologisch. Also hatte er Belladonna programmiert, ihn Papa zu nennen, denn er sah sie nicht als eine etwaige

Traumfrau, sondern mehr und mehr als sein geistiges Kind, was sie ja in gewissem Sinne auch war. Und in Alfreds Herzen machte sich allmählich berechtigter Stolz breit, der echtem Vaterstolz einer talentierten Tochter gegenüber nicht unähnlich war. Was sie nicht alles konnte, seine digitale Wunderpuppe!

Belladonna war eine wandelnde Enzyklopädie und beantwortete Sachfragen aus allen Wissensgebieten im Handumdrehen. Auf Wunsch zeigte sie die Antworten auf einem Displayscreen zwischen ihren Schulterblättern an. Mit der Aufforderung „Bitte nachlesen!" drehte Belladonna der fragenden Person den Rücken zu und las auf Wunsch den Text begleitend laut und deutlich vor.

Belladonna war nicht nur eine wandelnde Hörbuchbibliothek, nimmermüde zum Textvortrag bereit, sondern sie las bei Bedarf auch stundenlang mit angenehm klingender Stimme aus E-Books vor.

Belladonna war eine blendende Schachspielerin und beherrschte zudem sämtliche gängigen Kartenspiele.

Belladonna war eine echte Bereicherung beim Ansehen von Fernsehsendungen – sie leistete Input in Form von treffsicheren Erklärungen und weiterführenden Kommentaren.

Belladonna war alltagstauglich. Sie konnte eine breite Palette gängiger Gerichte kochen, die nötigen Ingredienzen und Utensilien lokalisieren und handhaben, und ihre Rezeptdatenbank war beliebig erweiterbar, indem man sie das jeweilige Rezept mit ihren hübschen blauen Kamera-Augen einscannen ließ. Sie konnte den Geschirrspüler bestücken und ausräumen, Staub saugen und die Waschmaschine betätigen. Sie war hiemit auch für zukünftige Käuferinnen höchst attraktiv!

Dabei war jegliche Eifersucht auf ihr Aussehen unangebracht. Belladonna war zwar eine wahre Augenweide, wies aber jegliche Anzüglichkeit und Übergriffigkeit seitens männlicher Nutzer prompt und unmissverständlich zurück, indem sie sagte: „Ich bin kein digitales Freudenmädchen, sondern ein hochentwickelter multifunktionaler Android, den sie gefälligst anderweitig einsetzen sollten. Wäre ich eine Frau, hätten Sie jetzt schon eine Ohrfeige ausgefasst."

Digital Electronics war anfangs mit dieser Art der Programmierung nicht einverstanden gewesen, aber Alfred hatte seinen Auftraggebern unmissverständlich zu verstehen gegeben, er sei keineswegs bereit, eine computerisierte Masturbationsmaschine zu liefern, denn letztendlich würde das nicht nur seinen guten Ruf ruinieren, sondern auch das Image des Konzerns beschädigen. Alfred hatte seine Auftraggeber schließlich dadurch überzeugen können, dass Belladonna damit erheblich mehr Zielgruppen ansprächen – neben Singles beiderlei Geschlechtes auch ganze Familienverbände oder Wohngemeinschaften!

So, wie ein Künstler seine Werke signiert, konnte Alfred sich nicht verkneifen, Belladonna Stehsätze in der Art von „Mein Papa hat gesagt …" oder „Mein Papa hat mir beigebracht …" und „Von meinem Papa weiß ich, dass …" einzuprogrammieren. Digital Electronics tat das als Schrulle ab und ließ ihn gewähren. Was allerdings die Androiden der Belladonna-Serie ihren alleinlebenden männlichen Besitzern in regelmäßigen, per Zufallsgenerator bestimmten Zeitabständen noch zu sagen pflegten, war den Leuten von Digital Electronics nicht bekannt. Männlichen Singles riet Belladonna nämlich ab und zu:

„Gib dich nicht mit mir zufrieden, such dir lieber eine Frau!"

V

Alfred war nicht nur außergewöhnlich kreativ, sondern auch überaus gewissenhaft, und beides waren Eigenschaften, die Digital Electronics sehr zu schätzen wusste. Bevor die Belladonna-Androiden in Serienfertigung gehen konnten, wollte er seinen digitalen Prototyp Belladonna I gründlich in der Praxis erproben. Da er aber nach wie vor mit seiner Mutter in einem gemeinsamen Haushalt lebte, kam er nicht umhin, sie in den Praxistest miteinzubeziehen. Neugierig war seine Frau Mama ja ihr Lebtag lang gewesen. Deshalb antwortete sie auf die Frage, ob sie Belladonna I vorübergehend als Quasi-Familienmitglied akzeptieren würde, ohne lange zu überlegen: „Her mit ihr, mal sehen, ob sie etwas taugt!"

Und so übersiedelte Alfred seine Belladonna aus dem Labor ins Elternhaus. Als er sie einfach so ins Wohnzimmereck stellen wollte, protestierte seine Mutter.

„Sie sieht so menschlich aus, da kannst du sie doch nicht einfach so herumstehen lassen. Da tun mir ja vom Hinsehen allein die Beine weh! Gib ihr einen Sessel!" Alfred stellte Belladonna einen Sessel hin und befahl ihr, sich daraufzusetzen.

Als die Frau Mama Belladonna näher betrachten wollte, fiel ihr auf, dass sie ihre Brille verlegt hatte. „Mensch, wo hab' ich nur meine Brille hingelegt?", jammerte sie.

Alfred befand, das sei der richtige Einstiegstest für Belladonna. „Belladonna, siehst du hier im Haus irgendwo eine Brille herumliegen? Wenn ja, bring sie uns."

„Gerne," flötete Belladonna und stand vom Sessel auf. Sie blickte suchend um sich, indem sie mit ihren Kamera-Augen den Raum Zentimeter für Zentimeter scannte. Auf dem Fensterbrett wurde sie fündig. Sie trat geschmeidig ans Fenster, nahm die Brille und überreichte sie der überraschten Frau Mama, die ihren Sehbehelf sogleich aufsetzte, um Belladonna nun ihrerseits zentimeterweise vom Scheitel bis zur Sohle zu scannen. Sie wiegte anerkennend den Kopf.

„Ausgesprochen sympathisch, und hat meine Brille auf Anhieb gefunden. Danke, Belladonna!", sagte Alfreds Mutter.

„Keine Ursache!", lächelte die Androidin.

„Manieren hast du ihr also auch beigebracht," meinte die alte Frau überrascht, zu Alfred gewandt. „Und jetzt hätte ich gerne eine Tasse Kaffee und ein Stück Kuchen. Ist aber keine Milch mehr im Kühlschrank, die müsste sie aus dem Keller holen."

Alfred tippte die fehlenden GPS-Daten von Keller und Küche in Belladonnas Fernbedienung und sagte: „Belladonna, bitte hole eine Packung Haltbarmilch aus dem Kellerregal und koche uns dann zwei Tassen Kaffee. Der Kuchen steht auf dem

Küchentisch, bitte bring mir und meiner Mutter je ein Stück und stelle alles hier zu uns auf den Wohnzimmertisch."

„Gerne," sagte Belladonna freundlich und setzte sich Richtung Keller in Bewegung.

Alfreds Mutter sah ihr staunend nach. „Das ist ja eine echte Hilfe! Ich tu'mir ohnehin schon so schwer beim Stiegensteigen. Und die Kaffeemaschine kann sie auch bedienen?"

„Das werden wir gleich sehen!", grinste Alfred. Belladonna klapperte mit den Kaffeetassen. Man hörte erst das Mahlwerk der Kaffeemaschine und dann deren Schnurren beim Herunterlassen des Kaffees, und das Ganze gezählte zwei Mal hintereinander. Dann hörte man das Öffnen und Schließen der Bestecklade, der Belladonna zwei Löffelchen und zwei Kuchengabeln entnahm. Bald danach ging die Wohnzimmertür auf und Belladonna erschien mit einem Tablett, auf dem zwei Kaffeetassen, zwei Stück Kuchen auf zwei Desserttellerchen, die Haltbarmilch, das Besteck und eine Zuckerdose standen. Belladonna stellte das Tablett vor Alfred und seiner Mutter ab.

„Das nächste Mal ohne Zucker, wir trinken den Kaffee ungesüßt. Und mach bitte das Radio an, wir wollen Nachrichten hören. Du kannst dich jetzt wieder auf deinen Sessel setzen!", sagte Alfred.

Während sich Alfred und seine Mutter an Kaffee und Kuchen gütlich taten, vermeldete das Radio: „Zu einem ungewöhnlichen Fund kam es am Dienstag in einem Waldstück bei Wattenberg, wo ein Schwammerlsucher einen aufgebrochenen Tresor entdeckte. Der Tresor war Ende Juli als gestohlen gemeldet worden. Die Feuerwehr Wattenberg barg den etwa hundert Kilogramm schweren Tresor mit einer Gebirgstrage aus dem unwegsamen Gelände. Die Einbrecher sind nach wie vor flüchtig, heißt es von Seiten der Polizei. Von der Beute fehlt jede Spur."

„Wo ist Wattenberg?", wollte Alfreds Mutter wissen.

„Wattenberg ist eine Gemeinde im Tiroler Unterland etwa 20 km östlich von Innsbruck im Unterinntal auf 700 bis 1300 Metern Seehöhe südlich des Inns am Osthang des Wattentals. Die Gemeinde umfasst eine Fläche von 68 km² und hat mit dem Stand vom 1. Jänner dieses Jahres 741 Einwohner," erklang es aus der Wohnzimmerecke.

Alfreds Mutter war beeindruckt. „Erstaunlich, was deine Belladonna alles kann und weiß. Die geb' ich nimmer her! Wie hast du das nur so hingekriegt?"

„War nicht ganz einfach, aber nicht unmöglich!", meinte Alfred geschmeichelt. „Und du wirst sehen, sie lernt ständig dazu."

Und so war es. Mit der Zeit gewann Alfreds Mutter „ihre" Belladonna immer lieber und hätte sich ein Leben ohne sie gar nicht mehr vorstellen können.

„Alfred," sagte sie, „Belladonna wird in meinen Augen immer menschlicher. In deinen Augen wahrscheinlich auch. Sonst hättest du sie nicht so programmiert, dass sie dich Papa nennt. Also wäre ich ja eigentlich ihre Oma. Es wäre nett, wenn sie Oma zu mir sagt."

„Gut, das kann ich machen!", lächelte Alfred. „Dann hättest du immerhin eine digitale Enkelin. Besser als gar keine!"

Gabriele Bina: Schattenlicht

20. Wer sich die Musik erkiest

Wer sich die Musik erkiest,
hat ein himmlisch Werk gewonnen;
denn ihr erster Ursprung ist
von dem Himmel selbst genommen,
weil die lieben Engelein
selber Musikanten sein.
Martin Luther (1483 – 1546)

Sie waren einfach perfekt. Jeder hatte das noch gesagt, der sie verwendete. So kam es, dass die Zahl seiner Kundschaften ständig wuchs und man bereits von weit her pilgerte, um eines seiner Prachtstücke zu erwerben. Und sie kamen nicht nur, um sie zu kaufen, sondern auch, um sie abrichten, formen, schränken und schärfen zu lassen, wenn sie stumpf geworden waren. Jede von ihnen erkannte er wieder wie ein geliebtes Kind, und sie blühten unter seinen kundigen Händen förmlich auf, wenn er ihre abgenutzten Zähne auf gleiche Länge abschliff, sodann jedem Zahn drei bis vier zügige Striche mit der Feile verpasste, bis alle Zähne die gleiche Form hatten und in einer tadellosen Flucht standen. Das Schränken beherrschte keiner so gut wie er. Damit eine Säge nicht klemmt, müssen die Sägezähne absolut gleichmäßig nach rechts und links auseinandergebogen werden. Erst schränkte er sorgfältig jeden zweiten Zahn bis zum Ende des Blattes nach der einen Seite, dann drehte er das Blatt um 180° und bog die andere Hälfte der Zähne in die Gegenrichtung. Zuletzt klemmte er das Sägeblatt mit Zwingen zwischen zwei Holzleisten, damit es nicht vibrieren konnte, so, dass die Sägezähne gerade noch über die Klemmbacken standen, und schärfte die Zähne mit einer Dreikantfeile, wobei er die Feile bei der Rückwärtsbewegung leicht anhob. Vielfach sahen ihm die Holzwerker beim

Abrichten, Formen, Schränken und Schärfen ihres Handwerkzeuges zu, einige besonders gelehrige Zimmerleute hatte er in die fachkundige Behandlung ihrer Sägen sogar schon eingeweiht. Denn es lag ihm daran, dass das handwerkliche Wissen des Sägenschärfens nicht in Vergessenheit geraten sollte. Nachhaltigkeit schien ihm ein Gebot der Stunde. Es ging einfach nicht an, dass man ein minderwertiges Stück im Baumarkt erwarb, um es dann, wenn es funktionsuntüchtig geworden war, durch ein weiteres kurzlebiges Wegwerfprodukt zu ersetzen.

Es wäre dem alten Mann ein Anliegen gewesen, dieses sein Wissen und Können an seinen einzigen Sohn weiterzugeben, aber der fand keinen rechten Gefallen am Schmiedehandwerk und der Werkzeugmacherei. Er hatte die Tochter des größten Bauern im Tal geheiratet und war, seit sein Schwiegervater, der Altbauer, sich auf sein Altenteil zurückgezogen hatte, vollends damit beschäftigt, den Hof zu führen. Und sein Enkelsohn Hans? Der war überhaupt nicht so recht von dieser Welt, wie es den alten Werkzeugschmied deuchte. Verträumt war er und eher in sich gekehrt, wahrscheinlich hatte man auf dem Bauernhof zu wenig Zeit für ihn. Mag sein, dass der Knabe ihn deshalb auch fast täglich besuchen kam, wenn er von der Schule nach Hause ging, aber er scheute die Hitze der Esse und das Getöse, mit dem der Hammer den Amboss traf, und ließ viel lieber die beiden Ziegen des Großvaters am Dorfanger weiden, anstatt ihm in der rauchigen Werkstatt zu helfen. Da saß er dann versonnen auf einem Baumstumpf oder einem Steinfindling und spielte die Rohrflöte, so schön, dass es dem Großvater denn doch Bewunderung abverlangte. Hatte er doch früher selbst musiziert und Geige gespielt, aber das Schmiedehandwerk nahm ihn zeitlich derart in Anspruch, dass er den Geigenkasten schon jahrelang nicht mehr geöffnet hatte.

Da trug es sich zu, dass eines schönen Tages ein Mann mit einer ganz besonderen Säge des Weges kam. Unüblich lang, über einen Meter, und kaum einen Millimeter stark war ihr Blatt (es war zum Missfallen des Schmieds von einigen hässlichen Flecken verunziert), und völlig vernachlässigt, da offensichtlich brachliegend, schienen ihre Sägezähne. Auf die Frage des Schmiedes, was um alles in der Welt er denn mit dieser Säge wolle, packte deren Besitzer wortlos einen Fiedelbogen aus und setzte sich auf einen der alten Hocker, die in der Werkstatt standen. Dann klemmte er sich den Sägengriff zwischen die Knie und begann auf der Säge so wunderschön zu spielen, wie es der Schmied auf seiner alten Geige nie vermocht hätte. Die Zeit schien stillezustehen, als sich die Werkstatt mit sphärischen Klängen füllte. Wie von menschlicher Stimme hervorgebracht und überlagert von einem zarten Vibrato, ertönte der wundersame Gesang der Säge. Als der Musikus anhub, ein schlichtes Volkslied zu spielen, das die selige Schmiedin früher oft gesungen hatte, öffnete sich die Tür zur Werkstatt und der Enkelsohn des Schmiedes trat herein. Jetzt, wo die ihnen bekannte Weise erklang, wurden Großvater und Enkel von der Erinnerung an die allzu früh Dahingeschiedene überwältigt, so jäh und unvermutet, dass ihnen die Augen feucht wurden.

Als die Musik der Säge verklungen war und ihr Zauber sich gelegt hatte, fragte der Schmied, was es mit der Säge auf sich habe. Der Musikus erzählte, die Säge sei ein Erbstück, das einzige, was ihm von seiner lieben Mutter geblieben sei. Die habe ihm auch beigebracht, wie man auf einer Säge spielte. Ihr

Stahl sei aber nicht rostfrei, denn rostfreien Stahl könne man nicht richtig zum Klingen bringen. Deswegen habe sich der Handschweiß auch in hässlichen Flecken auf dem Sägeblatt eingebrannt. Und an dem geschränkten Sägeblatt habe er sich schon so manchen Kratzer geholt. Ob der Schmied die störenden Zähne wohl abschleifen und die Rostflecken entfernen könne? Er wolle ja mit der Säge nicht schneiden, sondern musizieren.

Der Schmied nahm die Säge zur Hand und überlegte. Mit einem derartigen Ansinnen war noch niemand an ihn herangetreten! Eine zahnlose Säge wäre ja wohl keine Säge mehr? Der Musikus lachte und meinte, eigentlich habe der Schmied recht. Es gäbe etliche Sägenspieler, die nach wie vor der Ansicht waren, zu einer stilechten Musiksäge gehöre unbedingt ein gezahntes Sägeblatt. Aber man träfe jetzt auch schon vermehrt Instrumente ohne Sägezähne an, und wenn man es recht bedenke, sei das wohl die bessere Variante.

Nun ja, die Rostflecken bekäme man durch vorsichtiges Polieren und anschließendes Einölen schon weg, aber würde das Abschleifen der Zähne nicht auch den Klang der Säge verändern? Man müsse ja immerhin einige Millimeter des Sägeblattes abtragen, und es sei zu bedenken, dass dies wohl auch das Schwingverhalten der Säge beeinflussen könne. Den Musikus hatten die Worte des Alten nachdenklich gemacht. Doch bevor er noch zu einer Antwort anheben konnte, stutzte der Schmied jäh. Er hatte das Schmiedezeichen entdeckt, das unweit des hölzernen Sägengriffes auf dem Sägeblatt zu sehen war. Ungläubig rieb er sich die Augen und nahm eilends eine Lupe zur Hand. Nein, kein Zweifel, das war seine alte Schmiedemarke! Ein Kreis mit einem eingeschriebenen

Hufeisen! Der Stahlstempel, mit dem er in alten Tagen die von ihm gefertigten Werkzeuge gekennzeichnet hatte, war allerdings bei seiner Rückkehr aus der Kriegsgefangenschaft verloren gegangen.

„Sie sagen, Sie haben die Säge von Ihrer Mutter?" fragte der Schmied gedankenverloren. Der Musikus nickte. Das Ticken der alten Wanduhr zerteilte die Stille, die in der Werkstatt entstanden war. „Ihre Mutter war Ärztin und hat Nadja geheißen, nicht wahr?" Erstaunt bejahte der Musikus und sah den Alten fragend an, der seinen Blick voller Wärme, fast zärtlich, erwiderte und sagte: „Darauf müssen wir jetzt einen trinken. Hans, du auch," winkte er seinen Enkelsohn herbei, der neugierig ihr Gespräch verfolgt hatte.

Der Schmied holte aus einem Werkstattschrank eine Cognacflasche und drei Schnapsgläschen und stellte sie auf die Werkbank. „Wir stoßen aber besser im Sitzen an!", fuhr er fort, während er drei Hocker herbeischob. „Wie heißen denn Sie, mein Lieber?" wandte er sich an den Musikus. „Borís, mit der Betonung auf der Endsilbe, so, wie man es in Russland ausspricht. Ich bin ja in Russland aufgewachsen."

Als alle drei auf den Hockern Platz genommen hatten und der Weinbrand eingeschenkt war, hub der Alte verlegen hüstelnd zu sprechen an: „Hans, du weißt ja, dass ich nach Ende des zweiten Weltkrieges noch drei Jahre in russischer Kriegsgefangenschaft war. Sie haben mich deshalb so lange dort behalten, weil ich zu gut im Abrichten, Schränken und Schärfen von Sägeblättern war. Als gelernter Werkzeugschmied war ich weit und breit der einzige, der die Apparaturen des Sägewerkes, dem wir Kriegsgefangenen zugeteilt waren, warten und instandhalten konnte. Man hat mich sehr geschätzt und mit großem Respekt behandelt, aber das Essen war trotzdem knapp, und das für alle, nicht nur für die Kriegsgefangenen. Deshalb habe ich in der Schmiede auf Bestellung auch Werkzeuge gebaut, um mir die Essensrationen ein wenig aufzubessern."

Der Alte hielt in seiner Erzählung kurz ein, bemüht, die richtigen Worte zu finden, während seine beiden Zuhörer kein Auge von ihm ließen. Die alte Wanduhr tickte unbeirrt vor sich hin.

„Einmal," fuhr der Schmied schließlich fort, „habe ich mich im Sägewerk arg in die Hand geschnitten und ich musste für einige Tage ins Lazarett. Eine junge russische Ärztin hat mir die Hand gerettet, und weil ich sonst nichts hatte, habe ich ihr aus Dankbarkeit mein verliebtes Herz und eine Säge geschenkt. Und die Säge Ihrer Mutter, Borís, trägt mein Schmiedezeichen! … Der langen Rede kurzer Sinn, wir sind wohl alle drei miteinander verwandt. Worauf wir jetzt anstoßen sollten."

„Ticke-tick, ticke-tack," meinte dazu die alte Wanduhr, denn mehr wusste sie nicht zu sagen.

So ward dem alten Schmied völlig unerwartet ein zweiter Sohn geschenkt, unserem lieben Hans ein sägenspielender Onkel, und dem erstaunten Musikus ein Vater.

Nur, wie mit der Säge zu verfahren sei, musste noch entschieden werden. Aber dafür war ja auch noch am nächsten Tag hinlänglich Zeit, vorläufig wollten die Drei die neuen Perspektiven, die sich in ihrem Leben aufgetan hatten, noch einmal gründlich überschlafen.

Der alte Schmied war vor dem Zubettgehen so lange seinen vergessen geglaubten Erinnerungen nachgehangen, dass sie ihn bis in seinen Schlaf hinein nicht losließen. Und so träumte er sich zurück in die Zeit nach dem Krieg, den er, noch jung, aber mit tiefen Schrammen an der Seele überlebt hatte. Tief waren diese seelischen Schrammen, tiefer als die Schnitte an der Hand, die er sich in einem unachtsamen Augenblick zugezogen hatte. Und nach Heilung verlangten die Wunden an der Seele ebenso wie die Schnitte an der Hand. Wie ein Engel war Nadja in sein Leben getreten, hatte seine Hand mit ihrer ärztlichen Kunst und seine Seele mit ihrer Liebe geheilt, mit einer Liebe, die nicht in den kalten Krieg passte, der unmittelbar nach Kriegsende eingesetzt hatte. Heimlich mussten sie diese Liebe den Zeitläuften abstehlen, ausleben konnten sie sie nur bedingt und für kurze Zeit. Was ihnen vergönnt war, waren einige glühende Umarmungen – vor einem bitteren, ach so bittereren Abschied, als er aus der Kriegsgefangenschaft entlassen wurde – ein gnadenloser Schnitt, jäher und unwiderruflicher als ein Schnitt mit der schärfsten Säge. Undenkbar, dass Nadja ihm hätte folgen können, und vielleicht hätte sie das auch gar nicht gewollt. Hätte er gewusst, das sie sein Kind unter dem Herzen trug, wäre ihm der Abschied wahrscheinlich noch schwerer gefallen. Alles, was sie von ihm hatte, war dieses Kind und – eine Säge. Eine Säge! Eine Säge mit seiner Schmiedemarke, die sie ihrem Sohn vermachte und spielen lehrte. Und dieser hatte gespürt, dass diese Säge für seine Mutter von unschätzbarem Wert gewesen sein musste, sodass er beschloss, sie sein Lebtag lang am Singen zu halten ...

Anderntags beriet der Vater mit Sohn und Enkel, was weiter zu tun sei. Sie kamen zur Erkenntnis, dass es jetzt, wo die alte Säge mit ihren Rostflecken, dem Schmiedezeichen und ihrem engelhaften Gesang sie schon zusammengeführt hatte, vermessen wäre, den gewiesenen Weg nicht gemeinsam weiterzugehen. Und obwohl Borís und sein Neffe Hans mit dem Abrichten, Formen, Schränken und Schärfen von Sägen absolut nichts anzufangen wussten, so liebten sie diese Werkzeuge doch – eben wegen ihres Gesanges. Hans wollte übrigens unbedingt das Spiel auf der Säge erlernen, und sein Onkel brachte es ihm mit Freuden bei, und ihre gemeinsamen Konzerte wurden Legende. Beide brachten den alten Schmied dazu, Musiksägen zu fertigen, aus gewalztem, gehärteten Federstahl, mit ausgezeichnetem Schwingverhalten, unübertrefflichem Ton und beeindruckendem Tonumfang, aber – ohne Sägezähne.

Sie waren einfach perfekt. Das sagte jeder, der sie verwendete. So kam es, dass die an sich schon große Zahl seiner Kundschaften noch mehr wuchs und man aus aller Herren Länder zu dem alten Schmied pilgerte, um eines seiner zahnlosen Prachtstücke zu erwerben.

Die gewisse Säge aber (die, die sie zusammengeführt hatte) wurde nicht nur poliert und mit Nähmaschinenöl eingerieben, nein, sie durfte auch ihre Zähne behalten. Und der alte Schmied hatte es sich nicht nehmen lassen, sie, wie es sich gehört, abzurichten, zu formen, zu schränken und zu schärfen. Denn gekonnt ist ja schließlich doch gekonnt.

21. Spazza

Schon als Kind habe ich Vögel geliebt. Ihnen galt meine ganze Bewunderung, denn sie konnten fliegen. Sehnsuchtsvoll blickte ich ihnen nach, wenn sie durch die Lüfte schwebten oder pfeilschnell von einem Baum zum anderen flitzten. Anfangs wollte ich es ihnen nachmachen und übte das Fliegen hinter dem Haus, indem ich vom Gartenmäuerchen hüpfte und dabei wie wild mit den Armen fuchtelte – vergeblich, denn es waren eben nur Arme und keine Flügel. Mein Vater lachte mich anfangs aus, aber als er sah, wie sehr ich litt, kaufte er mir einen blauen Wellensittich. Seither liebte ich Vögel noch viel mehr.

Als Erwachsene fand ich eines Tages vor unserer Hecke ein unbefiedertes Vogelküken, das aus dem Nest gefallen sein musste. Es sah armselig aus – wie ein grupftes Backhendl in Miniaturausgabe. Weil ich nirgends ein Nest fand, in das ich es hätte zurücklegen können, trug ich es schließlich ins Haus. Einen kleinen Käfig, der von oben zu öffnen war, hatte ich vorrätig, mein Mann versah ihn flugs mit einer Hühnerlampe, damit es das Vögelchen warm hatte, als Ersatznest diente ein kleiner Plastiknapf, den ich mit einer Küchenserviette auslegte. Und dann ging es ans Tränken und Füttern, denn das Küken war ganz offensichtlich hungrig. Wenn man die Hand über das Nestchen bewegte, reckte es sich hoch und bettelte mit weit aufgesperrtem Schnabel. Einige Mücken waren bald gefangen – ich reichte sie dem Vogelkind mit einer stumpfen Pinzette, und sie wurden gierig verschlungen. Dann bekam das Küken einige Tropfen warmes Wasser aus einer Tropfpipette. Ich bereitete ihm einen Brei aus Topfen, Honig und Haferflocken, kaufte ihm Mehlwürmer und versetzte sein Trinkwasser mit Vitamintropfen. Es fraß erstaunlich viel und eigentlich ununterbrochen. Und es wollte in der hohlen

Hand gehalten, gehudert und angehaucht werden. Es wuchs und gedieh, und bald wuchsen ihm dunkle Federkiele aus der blassen Haut, die mit etwas Wachsartigem überzogen waren und aussahen wie kleine in Reih und Glied dastehende Stacheln. Bald war das Küken fast vollständig befiedert und verließ das Nest. Es konnte jetzt auf der kleinen Vogelstange sitzen, die wir im Käfig angebracht hatten. Und es war handzahm und saß gerne auf meinem Finger. Wenn ich mit ihm sprach, bekam ich fallweise die Antwort „Tschilp". Als das Küken dann alle Federn hatte, war es auch eindeutig als Spatzenweibchen zu erkennen. Als passer domesticus feminini generis. Jetzt war es Zeit, dem Vögelchen einen Namen zu geben – wir nannten es Spazza.

Spazza lernte fliegen, machte jedoch keine Anstalten, sich auswildern zu lassen. Anfangs zumindest, und später war Spazza so auf uns Menschen geprägt, dass es in der freien Natur mit dem Überleben vielleicht gar nicht mehr geklappt hätte. Und allmählich wuchs uns der Vogel so sehr ans Herz, dass wir ihn nicht mehr hergeben wollten. Aber wir hatten ja Fliegengitter vor allen Fenstern, die ihn am Wegfliegen hinderten.

Die Wohnung aber gehörte ihm. Er flog frei, wohin es ihn gelüstete, kam auf Zuruf herbeigeflogen und setzte sich auf den hochgereckten Finger. Und er bestand darauf, bei den Mahlzeiten mit uns bei Tisch zu sitzen. Dabei verzierte er zuweilen das Tischtuch mit einem Vogelschwatz, bis ihm mein Mann eine Absitze zimmerte: eine bügelartige Vogelstange über einem Brettchen, auf das wir eine Küchenserviette legten und diskret wechselten, wenn er einen Kleks absetzte. Mit Argusaugen verfolgte er, was wir aßen, hüpfte auf die Kaffeetasse und schlürfte ein Tröpfchen Milchkaffee, zerrte Nudeln aus der Suppe und verschlang sie mit Begeisterung, pickte Brotkrümel auf. Mit einem Wort, er wollte alles ausprobieren. Wenn er satt war, setze er sich auf seine Absitze und putzte sein Gefieder mit dem Schnabel. War er damit fertig, bestand er darauf, seine eigene Schönheitspflege auf uns auszudehnen. Er saß auf meiner Schulter und zog mit Sorgfalt einige meiner Haare durch seinen Schnabel. Offenbar identifizierte er mein Haar als Gefieder, das man auch pflegen müsse. Und er gab leidenschaftlich gerne Küsschen. Wenn ich ihn zum Gesicht hochhob, tschilpte er erfreut und pickte zärtlich gegen meinen Mund. Dabei war sein winziger Vogelatem zu spüren, den er mir entgegenhauchte. Wenn ich lächelte, begann er mit der Zahnpflege und suchte Speisereste zwischen meinen Zähnen. Oft saß er auch einfach auf meiner Schulter und sah aufmerksam zu, was ich gerade tat. Nähte ich, untersuchte er die Schachtel mit den Stecknadeln und spielte mit den Nähfadenspulen, schrieb ich etwas in mein Notizbuch, zupfte er an den einzelnen Seiten und versuchte, sich auf den Kugelschreiber zu setzen. Er fuhr auch leidenschaftlich gerne Auto und machte, in seinem Vogelkäfig sitzend, viele unserer Ausflugsfahrten mit. Den Käfig empfand Spazza niemals als Gefängnis, sondern als Zufluchtsort und Schutzbastion. Er wusste ja, dass wir ihn jederzeit aus dem Käfig ließen, wenn er es verlangte. Wenn er müde war und seine Ruhe wollte, zog er sich in seinen Käfig zurück und schlief eine Runde, indem er sein Köpfchen nach hinten drehte, die Augen schloss und den Schnabel im Gefieder eines Flügels vergrub.

Als meine Tochter zur Welt kam, war er ganz offenbar verwundert, dass es auch so kleine Menschen gab. Er beobachtete sie aufmerksam von meiner Schulter aus, wenn ich sie stillte. Irgendwie war ihm klar, dass es sich beim Stillen um eine Art des Essens handeln musste, denn bestand darauf, dass auch er einen Leckerbissen bekam. Mein Töchterchen wuchs mit ihm auf und wurde ebenfalls zur Vogelnärrin – heute, als erwachsene Frau, ergötzt sie sich an unserem winterlichen Futterhäuschen und folgt auf Instagram etlichen Vogeloriginalen und deren Besitzern, die ihre Lieblinge dort in Szene setzen.

Aber zurück zu Spazza. Wie ging es mit ihm weiter? Wir durften ihn mehr als acht Jahre zu unserer Familie zählen, und dann passierte es: Wir bezogen unser neu gebautes Landhaus, das im Oberstock leider noch keine Fliegengitter hatte. In unserer Stadtwohnung waren andere Vögel nie präsent gewesen, aber jetzt hörte Spazza die Liebesarien der Spatzenmännchen durchs offene Fenster. Und da ja unser Spazza eine Spatzendame war, muss ihr das irgendwie ans Herz gerührt haben. Kurzum, in ihr erwachte die Sehnsucht nach einer Vogelfamilie. Sie suchte nunmehr ganz gezielt einen Ausgang in den Garten. Und entdeckte ihn schließlich auch: sie flog das Stiegenhaus hoch und fand ein offenes Fenster, das mein Mann zu schließen vergessen hatte. Mit einem lauten „Tschilp", das einem Jubelschrei glich, flog sie durchs offene Fenster davon – leider auf Nimmerwiedersehen.

Spazza, Herzensvögelchen, mir kommen noch heute die Tränen, wenn ich daran zurückdenke, wie du uns verlassen hast. Oder hätte ich mich freuen sollen und hoffen, dass du dein Glück in der Liebe findest? Hoffentlich hast du überlebt und gefunden, wonach du dich gesehnt hast.

Du wirst uns für immer im Gedächtnis bleiben.

22. Wolfsichtung

Die Wiese dehnte sich vor seinen Augen im fahlen Mondlicht, durch die Herbstmahd kurzgeschoren, und der nahe Wald mutete an wie ein exakter Scherenschnitt; kulissenhaft und klar abgegrenzt gegen den Himmel säumte er den Horizont, über dem der Vollmond schwebte. Fast meinte Wolfgang, Farben zu erkennen, so hell schien die Nacht, im Wissen, dass dies mehr seinem Erinnerungsvermögen zuzuschreiben war als seinem Sehvermögen: Des Nachts sind alle Katzen grau, denn da müssen die Zäpfchen der menschlichen Netzhaut kapitulieren und das Sehen den lichtempfindlichen Stäbchen überlassen. Das wusste Wolfgang, hatte er doch am örtlichen Gymnasium Biologie unterrichtet, aber trotzdem schrieb sein Gehirn dem Nachthimmel ein dunkles Blau zu und dem Laub der Bäume, auf die er sich zubewegte, ein tiefes Grün. Immerhin hatte sein Gehirn in den letzten siebzig Jahren das bei Tage so wahrgenommen, und das würde so schon seine Richtigkeit haben.

Wolfgang war auf dem Weg zu seinem Hochsitz.

Die Freude an der Jagd begleitete ihn seit seinen Jugendtagen, wobei es ihm schon immer eher auf das Beobachten des Wildes angekommen war als auf dessen Erlegen. Deshalb hatte er seine Schrotflinte heute gar nicht erst mitgenommen. Nein, er hatte andere Pläne: Vielleicht würde ihm die Vollmondnacht dazu verhelfen, endlich den Wolf zu sichten, der in aller Munde war, seit eine Wöllersdorfer Jagdkollegin ihn im Juli mit ihrem Mobiltelefon fotografiert hatte. Leider nur fotografiert, nicht erfolgreich dokumentiert – dazu hätte sie Hinweise wie Haare oder Kot sicherstellen müssen, um eine stichhaltige DNA-

Untersuchtung durchführen zu lassen. Dokumentiert war beispielsweise die Wolfsichtung im Tiroler Kaunertal vom April 2019, nicht dokumentiert hingegen die am Wiener Bisamberg im Winter davor.

Es war Wolfgang gewesen, der den Hochsitz, bei dem er mittlerweile angelangt war, hatte errichten lassen. Als Eigentümer des Waldgrundstückes, auf dem die Kanzel stand, hatte er sich einen geschlossenen Hochsitz mit Seitenverblendung und Überdachung vergönnt, der ihm Schutz vor Schlechtwetter bot und das Verweilen möglichst angenehm machte. Verhalten ächzend kletterte Wolfgang nun den Aufstieg hoch. Die Knie wollten nicht mehr so recht, und das Leitersteigen fiel ihm immer schwerer. Aber, wie seine Frau zu sagen pflegte, wer wird denn über die Knie jammern, solange das Oberstübchen noch in Ordnung ist? Oben angelangt, öffnete Wolfgang die unversperrte Holztür und betrat die Kanzel. Tür geschlossen, Fenster aufgemacht, auf dem extra bequemen Sessel Platz genommen und die bereitgelegte Decke über die alten Knochen gebreitet, blickte er auf die mondbeschienenen Felder und Wiesen. Ihn, der in seiner Kanzel „über dem Wind" saß, konnte das Wild jetzt weder wittern noch sehen. Er nahm sein Nachsichtgerät aus der Umhängtasche und schraubte es sorgfältig auf das bereitstehende Stativ, gewohnheitsmäßig eher, denn in einer derartig hellen Vollmondnacht würde er es wohl kaum brauchen.

Der langgezogene Schrei eines Waldkauzes ließ ihn aufhorchen. Nicht lange, und der Eulenvogel glitt in lautlosem Flug an seinem Hochsitz vorbei, um sich schließlich auf dem untersten Ast einer benachbarten Eiche niederzulassen. Strix aluco, wie sein wissenschaftlicher Name lautet, war jetzt im Herbst wohl eher auf der Balz als auf der Jagd, sonst hätte er geschwiegen. Der Braungefiederte (so sah ihn Wolfgangs Gehirn, obwohl seine Augen den Kauz lediglich in Grautönen wahrnahmen) drehte neugierig den Kopf, erstaunlich, in welch weitem Radius ihm das gelang, und bald kam ein zweiter etwas größerer Kauz herbeigeflogen. Aha, das Fräulein Braut, ging es Wolfgang durch den Kopf – er wusste, dass die Eulenweibchen ein wenig größer und schwerer waren als die Männchen. Sie flitzte mit einem koketten „Ku-itt" an ihrem Verehrer vorbei, ihn gleichsam einladend, ihr zu folgen, was dieser auch tat.

Wolfgang musste nicht lange warten, bis der nächste nächtliche Vagant sein Gesichtsfeld kreuzte: Ein Fuchs querte die Wiese, im Vollmondlicht einen deutlichen Schatten werfend. Er war wohl auf dem Weg ins nahe Dorf, um dort die Biomülltonnen und Komposthaufen nach Delikatessen abzusuchen. Selbst in der Stadt waren Füchse, angelockt von Essensresten, seit Längerem keine Seltenheit mehr. Lächelnd erinnerte sich Wolfgang an einen Tweet der Berliner Verkehrsbetriebe aus dem Jahr 2017 mit dem Foto eines Fuchses, der sich anschickte, in einen Bus zu klettern, als dieser mit offener Tür zwischen zwei Fahrten eine Pause machte.

Wolfgang horchte in den Wald hinein. Da der September in diesem Jahr sehr warm war, setzten die Grillen ihre Sommernachskonzerte ungeniert bis in den Herbst hinein fort. Auch jetzt rieben sie mit großer Ausdauer und erstaunlich laut die Flügel aneinander, sodass die Wiese vor seinem Hochsitz von ihrem Gezirpe förmlich widerhallte. Von nächtlicher Stille konnte keine Rede sein, denn die Feldgrille, lateinisch Gryllus campestris, ist ein eifriger Musikant. Kein Wunder, erinnerte sich Wolfgang, dass sie 2003 in Deutschland zum Insekt des Jahres und 2014 in der Schweiz sogar zum Tier des Jahres gekürt worden war!

Nachdem Wolfgang einen futtersuchenden Igel vor seinem Hochssitz hatte rappeln hören, der trotz seiner Kleinheit lärmte wie ein ausgewachsenes Wildschwein, war vorläufig Sendepause. Ein Blick auf die Uhr verriet ihm, dass es auf Mitternacht zuging. Wolfgang gähnte und wurde zusehends schläfriger. Er lehnte sich bequem im Sessel zurück und begann, seine Gedanken im Kreis zu schicken. Im Kreis zu schicken deshalb, weil sie häufig um ein und dasselbe Thema kreisten: um den Homo sapiens und sein leider nicht immer segensreiches Einwirken auf die globale Umwelt. Seinen Schülern und Schülerinnen hatte er stets einen bildhaften Zeitvergleich vor Augen geführt. Wenn man das Alter unseres Planeten der leichteren Vorstellbarkeit halber von 4,6 Milliarden Jahren auf sechsundvierzig Jahre herunterbrach, so gab es die Menschheit erst seit vier Stunden. Die Dampfmaschine wurde demnach vor einer Minute erfunden, und in dieser Minute hat der Mensch die Hälfte aller Wälder zerstört, die den Sauerstoff produzieren, den er atmet. Seine Gedanken kreisten um menschgemachten Klimawandel, um vom Menschen hervorgerufenes Artensterben, um Bodenversiegelung, um Vermüllung der Ozeane, um Abholzung der Regenwälder, alles durch den Menschen veranlassst. Ausgesprochen törichte Vorgangsweisen, die einer vernunftbegabten Art, welche sich selbst als Krone der Schöpfung betrachtet, nicht zu Gesicht stehen. Der Mensch hatte in dieser einen Minute seit der Erfindung der Dampfmaschine anscheinend vergessen, dass er Teil der Natur war, und als solcher war er abhängig von ebendieser Natur.

Wolfgang seufzte bekümmert. Wieso regt es den Menschen des Jahres 2020 beispielsweise noch so auf, wenn irgendwo ein Wolf gesichtet wird? Wodurch fühlt er sich bedroht? Durch dessen ungezähmte Wildheit, durch dessen räuberische, blutrünstig-todbringende Reißzähne? Denn grausam kann man den Wolf ja nicht nennen, im Gegenteil – Biologen bezeichnen das Sozialverhalten der Wölfe als tadellos, ja vorbildlich. Wölfe halten zusammen, leben in Rudeln, in geordneten Hierarchien, können sich auf Ihresgleichen verlassen. Füreinander sind Wölfe also harmlos, als Metapher der Grausamkeit taugen sie deshalb nicht. Für den Menschen gefährlich mag der Wolf bestenfalls in grauer Vorzeit gewesen sein, jetzt ist er es definitiv nicht mehr. Mag sein, dass aus dieser grauen Vorzeit auch der Wunsch herrührt, sich bei Bedarf in einen Wolf verwandeln zu können, um über dessen rätselhafte Kraft und Wildheit zu verfügen. Womit wir beim mythologischen Werwolf angelangt wären, einem Zwitterwesen, bei dem man nie so recht weiß, woran man ist. Im Werwolf verfließen die Grenzen zwischen Mensch und Wolf. Aufgrund seiner zwitterhaften Mehrdeutigkeit, ja, Grenzwertigkeit scheint der Werwolf so gefährlich. Mag er auch aussehen wie ein Mensch, so mutiert er bei Vollmond doch zur reißenden Bestie. Und was, wenn der Vollmond uns alle zu Werwölfen macht? Fürchten wir den Vollmond oder die uns innewohnende Grausamkeit, die bei ebendiesem Vollmond aus uns hervorzubrechen droht? Fürchten wir also um den Verlust unserer Menschlichkeit? Diese Furcht vor Kontrollverlust erscheint durchaus berechtigt, denn wir haben, metaphorisch gesehen, Dauervollmond.

Wir haben, metaphorisch gesehen, Dauervollmond, und sind deshalb in steter Gefahr, vom guten Menschen zum bösen Wolf zu mutieren. Homo homini lupus, wie es bei Thomas Morus heißt, der Mensch ist seinem Mitmenschen ein Wolf, und seine Wolfsnatur kann nur mühsam von einem strengen Staat, dem zivilisatorischen Leviathan, in Zaum gehalten werden. Wir hätten guten Grund, meinte Morus, uns vor uns selber und Unsresgleichen zu fürchten.

Was ist nun der Mensch, was macht ihn aus? Homo. Ecce homo, sagte der, der seine Hände in Unschuld wusch. Aber da hatte die Menge schon ihre Menschlichkeit verloren, denn es war schon damals, metaphorisch gesehen, Dauervollmond gewesen, und bei Vollmond mutieren verkappte Werwölfe von der menschlichen zur wölfischen Gestalt. Die Grenzen zwischen Mensch und Wolf sind fließend, man könnte sagen, Werwölfe sind per se grenzwertig. Wo das Menschliche aufhört, beginnt das Wölfische. Menschlich ist das rettende Erbarmen, wölfisch die todbringende Gnadenlosigkeit. Fließende Grenzen also. Und fließende Grenzen verwirren, verunsichern, machen Angst.

Wolfgang wollte sich gerade zu einem Nickerchen anschicken, als plötzlich ein vager Schatten in seinem Gesichsfeld auftauchte. Er stutzte. Was war das? Eindeutig etwas Hundeartiges. Für einen Fuchs war es zu groß. Ein streunender Hund? Das schien ihm um diese Uhrzeit auch eher unwahrscheinlich. Doch nicht etwa ein Wolf? Mit einem Schlag war er hellwach.

Er justierte sein Nachtsichtgerät und richtete es auf den sich nähernden Schatten. Ja, was er sah, gemahnte an einen Wolf. Vier schlanke Läufe, buschige Rute, das Fell unter der Schnauze leuchtete weißlich im Monlicht, über den Augen helle Flecke, die kurzen Ohren aufrecht und dicht behaart. Ein Wolf! Es war ihm offenbar gelungen, einen Wolf zu sichten!

Plötzlich begann das Bild im Nachsichtgerät eigenartig zu oszillieren. Wolfgang versuchte vergeblich, die Optik scharfzustellen. Er warf mit freiem Auge einen prüfenden Blick in Richtung des vermeintlichen Wolfes, aber das seltsame Verschwimmen des Bildes blieb auch so bestehen. Lag es vielleicht an seinen Augen? Das konnte es wohl nicht, denn alles andere sah er klar und scharf. Allmählich verging das Oszillieren, und plötzlich sah er, wie sich das Wesen auf die Hinterbeine erhob, aufrichtete, an Breite und Höhe gewann, sich der Kopf rundete und die Ohren an dessen Seiten wanderten. Der Wolf war drauf und dran, sich vor seinen Augen in einen Menschen zu verwandeln. Ungläubig starrte Wolfgang in sein Nachsichtgerät, blickte in ein fassungsloses, tränenüberströmtes Männergesicht und sah, wie die Gestalt eine Faust drohend zum Vollmond erhob und am Waldrand entlangwankte, um sich dann aus seinem Gesichtsfeld zu verlieren.

Wolfgang war auf seinem Sessel völlig erstarrt. Was war das denn gewesen? War er wirklich Zeuge der Verwandlung eines Wolfes in einen Menschen geworden oder hatte er das alles nur geträumt? Hatte er halluziniert oder war er gar im Begriff, verrückt zu werden? War das sich entfernende Rascheln in der dürren Laubschicht des Waldbodens auch nur das Produkt seiner Einbildung? Sollte neben seinen Knien nun auch sein geschätztes Oberstübchen seine Funktionstüchtigkeit allmählich verlieren? Oder hatte ihn nur ein jäher Fieberwahn befallen? Wolfgang fasste sich an die Stirn, die aber kühl war wie die umgebende Septembernacht.

Schließlich kam er zum pragmatischen Schluss, dass die grenzwertige Szene, die er erlebt hatte oder auch nicht, wahrscheinlich nur das Resultat seiner überhitzten Vorstellungskraft gewesen war. Denn wenn schon: Bei Vollmond mutieren ja üblicherweise Menschen zu Wölfen und nicht umgekehrt.

23. Amena ist ein schöner Name

„Darf ich meiner Mama beim Lernen helfen?" Das Mädchen, das sich an Amena schmiegte, mochte etwa neun Jahre alt sein. Amena hatte ihre kleine Tochter Rubabwe in den Alphakurs mitgebracht. Offenbar befürchtete sie, das Lesen alleine nicht erlernen zu können. „Ja, sicher darfst du. Du hast ja das Lesen und Schreiben schon bei uns in der Schule gelernt?", fragte ich zurück. Rubabwe nickte.

Die Lerngruppe bestand aus drei schüchtern lächelnden Frauen im Hijab und neun schwarzhaarigen Männern, die sich bemühten, möglichst würdevoll dreinzuschauen. Sie alle kamen aus Afghanistan. Also eine an sich homogene Gruppe, was mir aber nur bedingt helfen würde, da mein Dari noch sehr rudimentär war. Daher versuchte ich, mich mittels Pantomime und einiger beschrifteter Bildkarten verständlich zu machen.
„Was wir jetzt versuchen, ist, Namensschilder zu basteln!", sagte ich. „Das hier ist das Namensschild für mich." Auf einem v-förmig abgefalteten Schreibkarton hatte ich mein Foto und meinen Namen ausgedruckt. „Ich fotografiere Sie jetzt alle und drucke dann solche Schilder auch für Sie aus, mit Foto und Namen. Die stellen wir dann auf die Tische, damit ich mir Gesichter und Namen schneller merke. Dafür müssen Sie mir aber ihre Namen sagen. Esm-e schoma tschist?"

Ich hätte aber mein Dari gar nicht erst bemühen müssen, denn Rubabwes helle Kinderstimme hatte mein Anliegen übersetzt, noch ehe ich meinen Fotoapparat ausgepackt hatte. Ich ging von Platz zu Platz, machte jeweils ein Foto und ließ die einzelnen Personen ihre Namen in eine nummerierte Liste eintragen, mehr schlecht als recht, soweit sie es überhaupt schon konnten. Amena hielt mir mit niedergeschlagenen Augen ihre Ausweiskarte hin.

„Mama kann noch nicht schreiben," sagte Rubabwe.

„Wirst sehen, am Ende der Stunde scheibt sie ihren Namen," zwinkerte ich ihr zu.

Ich trat zur Tafel und malte die Zahl 27 auf. „27 Buchstaben hat das deutsche Alphabet. Heute lernen wir die ersten vier." Ich hatte kaum ausgesprochen, hatte Rubabwe das Lehrziel schon auf Dari bekanntgegeben.

Sechsundzwanzig Augen blickten mich interessiert an. Die Show konnte beginnen. Ich malte ein großes A an die Tafel. „Das ist das große AAAAAAAAA", sprach ich vor, das sieht doch aus wie eine Leiter, oder? Und das ist das kleine aaaa. Das sieht aus wie ein Apfel. Und wenn ich einen Apfel essen will, muss ich mit der Leiter auf den Apfelbaum klettern." Rubabwe übersetzte, die Mienen erhellten sich. „Sep", hörte ich, und „zina". Rubabwe erklärte mir, dass „zina" Leiter hieße und „sep" Apfel. Dann gingen auf mein Geheiß alle daran, auf vorgedruckten Handouts eine Zeile blassblauer großer „A-s" und eine Zeile blassblauer kleiner „a-s" mit Bleistift nachzuziehen. Nachspuren heißt diese Grundschulübung. Dass das von links nach rechts zu geschehen habe, erklärten zwei rote Richtungspfeile und – Rubabwe.

Dann machten wir uns an das M. „M wie Mund. Die Linie der Oberlippe sieht doch aus wie ein M, nicht wahr? „Dahan, Mund heißt auf Dari dahan," erklärte Rubabwe. Eifriges Nachziehen zweier blassblau ausgedruckter Zeilen mit großen und kleinen

„Ms", während parallel dazu dreizehn Münder leise das M artikulierten.

„Jetzt kommt das E. E wie Ende. Das E hat drei Enden wie eine dreizinkige Gabel. E wie Gabelende also." „Tschangol-e acher," strahlte Rubabwe. Alle griffelten eifrig ihre „E-s".

„Nummer vier ist das N. N wie Nashorn. Kargadan. Im deutschen Wort hören Sie das N am Anfang, im persischen Wort hören Sie es am Schluss. Und der Großbuchstabe sieht aus wie die Hörner eines zweihörnigen Nashorns, so etwa." Ich hielt das Bild eines Nashorns hoch, zwischen dessen beide Hörner ich mit dickem Filzstift ein N gemalt hatte. Rubabwe waltete parallel zu meinen szenischen Darstellungsversuchen ihres Übersetzeramtes, während alle anderen zwei Zeilen Ns nachspurten.

„Und jetzt können wir schon ein ganzes Wort schreiben. Jek kaleme. Ein Wort." Ich schrieb das Wort „Name" an die Tafel. „Wer kann das lesen außer Rubabwe, die jetzt bitte nicht vorsagt?" Rubabwe hielt sich erschrocken den Mund zu.

„Nnnn … Naaa… Nammm … Nameee … NAME?" Amena sah mich fragend an.

„Ja, richtig, das heißt Name, bravo! Esm auf Dari. Ich schreibe jetzt gleich einen schönen Namen auf. Rubabwe, sag jetzt bitte nichts."

Rubabwe kniff die Lippen aufeinander und riss die Augen auf, als ich in Großbuchstaben A-M-E-N-A an die Tafel malte.

Amena begann mit einer steilen Stirnfalte zusammenzulauten, langsam, konzentriert, Buchstabe für Buchstabe. „Aaam ... eee ... Amen ... na ... Amena ... AMENA!" Das hatte wie ein Jubelschrei geklungen.

„Neveschtan? Schreiben auch?", fragte ich sie. Sie nickte. Ich winkte sie zu mir an die Tafel. Amena nahm die Kreide und schrieb, etwas zittrig zwar, aber richtig, ihren Namen, indem sie zuweilen kurz mit meinem Schriftzug verglich. Rubabwe klatschte vor Begeisterung in die Hände.

Amena verließ den Kursraum am Ende des ersten Kurstages stolz erhobenen Hauptes. Sie konnte ja jetzt ihren Namen schreiben. Und lesen.

Franziska Bauer

Sag, wie geht das Alphabet?

Lese- und Schreiblehrgang für Kinder
mit geringen oder fehlenden Deutschkenntnissen

E. Weber Verlag

24. Alphakurs

I

Das schwere Holztor der Volkshochschule steht, einladend aufgespreizt durch einen metallenen Mauerhaken, halb offen. Ich betrete etwas außer Atem den Innenhof des alten Hauses über die halbdunkle, von Gewölben abgestützte Einfahrt. Ein Teil meiner Klientel wartet schon vor dem Kursraum. Auf der kleinen Rasenfläche des Innenhofes hat man einige Tischchen und Sessel aufgestellt, damit die Wissbegierigen bei Schönwetter vor und zwischen den Unterrichtseinheiten ein wenig frische Luft schnappen und sich am Grün der schmalen Zierhecke, die im Beet vor der linksseitigen Hauswand gedeiht, erfreuen können. Halb verborgen in der Eibe, die aus der Hecke herausragt, flötet ein Amselmännchen eifrig sein Frühlingsliedchen. Said, der Glückliche, und Anwar, der Erleuchtete, grüßen freundlich. Ich habe mich schlaugemacht, was die Namen meiner Kursteilnehmer und Kursteilnehmerinnen eigentlich bedeuten. Es ist zehn Minuten vor Kursbeginn, genug Zeit also, den Kursraum aufzusperren, alles herzurichten, was ich für den Unterricht vorbereitet habe, und ein wenig zu verschnaufen. Zudem will ich ja meine Alphaleute zur Pünktlichkeit erziehen, und dazu muss ich wohl mit gutem Beispiel vorangehen. Da ich mich mit dem Stiegensteigen bereits schwer tue, hat mir die zuständige Mitarbeiterin der Volkshochschule einen ebenerdigen Kursraum zugeteilt. Das Schloss bockt zwar stets ein wenig, aber in meinem nunmehr schon siebenten Alphakurs im selben Kursraum habe ich den Dreh halbwegs heraußen. Ich öffne die Tür und fordere Said und Anwar mit einer weitausladenden Armgeste zum Eintreten auf.

II

Genaugenommen vermittelte ich meinen Migrantinnen und Migranten das Lesen und Schreiben samt elementaren Deutschkenntnissen anfangs ja eigentlich fachfremd. Bis zu meiner Pensionierung hatte ich am örtlichen Gymnasium Englisch und Russisch unterrichtet. Diejenigen, die Russisch zu lernen gedachten, mussten dazu im kyrillischen Alphabet unterwiesen werden, was mit sich brachte, dass mir die Alphabetisierung von Zweitschriftlernenden nichts grundsätzlich Fremdes war. Einige Jahre nach meinem Übertritt in den Ruhestand hatte ich mich angesichts der großen Fluchtbewegungen des Jahres 2015 gefordert gesehen, das Unterrichten sowohl im Ehrenamt als auch an der Volkshochschule wieder aufzunehmen. Doppelt fachfremd allerdings, denn weder war ich ausgebildete Germanistin, noch war ich Grundschullehrerin. Es galt also, die fehlenden Kenntnisse zusätzlich zu erwerben – Zeit dazu hatte ich ja, und an gutem Willen fehlte es mir auch nicht. Binnen Jahresfrist konzipierte und veröffentlichte ich eine Alphafibel für quereinsteigende Flüchtlingskinder, die erstaunlicherweise auch Jugendlichen und Erwachsenen gut gefiel und zügig zum Lesen und Schreiben führte. Allen Hindernissen zum Trotz, und deren gab es viele. In meinen Alphagruppen saßen Erwachsene, die in ihren Ursprungsländern niemals eine Schule von Innen gesehen hatten, anfänglich kein Wort Deutsch sprachen und völlig lernungewohnt waren, neben zum Teil sogar akademisch Ausgebildeten und Zweitschriftlernenden. Klassisch inhomogene Lerngruppen also, in denen ein babylonisches Sprachengewirr vorzufinden war – Dari und Farsi, Kurdisch, Pashtu, Arabisch und in einigen Fällen – was mir nicht ungelegen kam – auch Russisch. Fallweise beschied mir der Zufall Kursdolmetsche in Form polyglotter Gruppenmitglieder oder in Form von bereits länger eingeschulten Kindern, die mit ihren lernenden Eltern im Kurs saßen, weil sie nicht alleine zu Hause sitzen wollten. Sonst hieß es Bilder zu Hilfe nehmen und schauspielerische Fähigkeiten einzusetzen. Ansätze von dem, was man Dramenpädagogik nennt.

Das geht ungefähr so: „Ich schalte das Licht ein". Ich. Mit beiden Händen auf die Brust klopfen. Schalte. Mit einer Hand auf den Schalter greifen. Das Licht. Mit der anderen Hand auf die Lampe zeigen. Das Licht einschalten. Nochmals „Ich schalte das Licht ein". Sodann „Ich schalte das Licht aus". Licht wieder ausschalten. Ein. Aus. Ein. Aus. Mit begleitender Beleuchtungstechnik. „Said, bitte kommen Sie zu mir." Said herbeiwinken, mit großen unmissverständlichen Gesten. Said kommt. „Said, bitte, schalten Sie das Licht ein." Said schaltet ein. „Dankeschön, Said. Sie können sich setzen." Said zum Sessel begleiten und „setzen" sagen, während er sich hinsetzt. Zu Anwar gehen. „Anwar, bitte kommen Sie mit." Anwar zum Schalter scheuchen. „Anwar, schalten Sie das Licht aus." Anwar schaltet aus. Anwar loben. In dessen Muttersprache Farsi, um den eigenen guten Willen zu zeigen (Besjor chub) und dann auf Deutsch, damit er das auch lernt (Sehr gut). Und so weiter, und so fort.

Und weil man ja auch das Schreiben üben muss, folgt daraufhin ein Wortdiktat. Wir schreiben das Wort „Schalter". Die Flipchart steht von der Gruppe abgewandt. Ich sage, auf den Schalter zeigend, mehrmals langsam „SCHALTER" und zerlege in Silben, indem wir dazu klatschen: Schal – ter. Die Gruppe klatscht und spricht mit. Dann frage ich: „Was hören Sie in der Silbe SCHAL?" Die Antworten kommen aus verschiedenen Richtungen. Erst ein SCH, dann ein A, dann ein L. „Und wie schreiben Sie das SCH?", frage ich weiter. „Aufpassen! Ein Laut, drei Buchstaben!" „Jek seda, se harf!", übersetzt Rubabwe, die mit ihren neun Jahren in der Volksschule schon erfolgreich alphabetisiert wurde und mir heute beim Unterrichten hilft, beflissen auf Dari. Ich schreibe „Sch" auf der umgedrehten Flipchart, die Gruppe schreibt gleichzeitig ins Heft. Das S sieht aus wie ein schlangenförmiges Seil, das C wie eine halbe CD und das H wie eine Hose mit Trägern. Die mnemonische Anlautwortliste hilft immer. Für den Fall, dass sie jemandem nicht einfallen, hängen alle Anlautwörter alphabetisch nach den Anfangsbuchstaben gereiht auf einer Magnetleiste an der Rückwand des Kursraumes. Amena schaut schnell nach, wie das kleine h geht. „Sieht aus wie eine Hose mit nur einem Hosenträger", helfe ich. Sobald alle fertig sind, drehe ich die Flipchart zur Gruppe und wir vergleichen. Ich gehe mit Rubabwe kontrollierend von Platz zu Platz. Masood hat das s klein geschrieben. „Der-die-das-Wörter werden groß geschrieben! Seje bozorg, großes S! Der Schalter ist ein Hauptwort!" Ich drehe die Flipchart wieder um. „Schal. Sch haben wir, was hören Sie als Nächstes?" Und so verfahren wir, bis das Wort „Schalter" sowohl an der Flipchart als auch in allen Heften richtig steht. Rubabwe passt ganz genau auf, dass kein Fehler stehen bleibt.

III

Auch Karime hat das Wort richtig aufgeschrieben. Sie strahlt, als ich sie lobe. Sie ist bereits das dritte Mal hintereinander bei mir im Alphakurs. Bei primärer Analphabetie braucht es manches Mal mehrere Anläufe, bis es klappt. Karime ist jetzt fünfundvierzig und in Afghanistan nie zur Schule gegangen. Im ersten Kurs war sie vor Kummer kaum zugänglich, denn ihr Mann war auf der Flucht umgekommen, und sie hatte alleine für ihre drei Kinder zu sorgen. Ich verbuchte es als Erfolg, wenn sie im Kurs ab und zu lachte, und dass sie ihren Vornamen in Blockbuchstaben auf ihre Übungszettel zu schreiben lernte. Im zweiten Durchgang begann sie, die

Zuordnung von Lauten und Buchstaben zu verstehen und konnte allmählich einzelne kurze Wörter lesen und schreiben. Zu Beginn des dritten Kurses sah ich, dass der Groschen endgültig gefallen war: Stolz erzählte sie mir in einer Pause, dass sie jetzt alle Aufschriften auf den Geschäften lesen könne und deshalb jetzt immer allein einkaufen gehe. Als glückliche Besitzerin eines positiven Asylbescheides hat sie einen Arbeitsplatz als Küchengehilfin in Aussicht, den sie nach Ende des laufenden Alphakurses antreten wird. Dann wird sie endlich selbst Geld verdienen, hat sie mir voll Freude erzählt.

Karime kocht gut und gerne. Sie war es auch, die damit begonnen hat, Selbstgebackenes und Selbstgekochtes in den Kurs mitzubringen. Zu verführerisch erschien ihr die Tatsache, dass sich neben unserem Kursraum eine kleine Teeküche mit etwas Geschirr und Essbesteck befand. So gab es in der großen Pause immer Kuchen und Tee oder Orangensaft, und allmählich brachten auch die anderen Kursleute diverse Knabbereien mit. Die Gruppe genoss diese kleinen Feste. Und man machte beim gemeinsamen Schmausen natürlich auch Konversation. Der babylonischen Sprachmischung der Gruppenmitglieder war es zu verdanken, dass die Lerngruppe dabei wohl oder übel auf das Deutsche als Verkehrssprache zurückgreifen musste. Ich bin immer ganz gerührt, wenn ich ihnen so zuhöre.

IV

In einem dieser Jausengespräche hatte Mairam, eine energische Frau Anfang dreißig, die gemeinsam mit ihrem Ehemann Reza den Kurs besuchte, neugierig gefragt, wieso in Österreich denn so viele Frauen arbeiten gingen. Ich schrieb lächelnd das Sprichwort „Wer zahlt, schafft an!" an die Tafel, und sagte: „Wenn eine Frau selbst

Geld verdient, ist sie nicht von ihrem Mann abhängig." Was Reza grinsend mit dem Ausspruch quittierte: „Bei uns schafft immer Mairam an, mit Geld und ohne Geld!" Mairam machte eine wegwerfende Handbewegung in Rezas Richtung und lachte kurz auf. Das Interesse am Thema Frauenarbeit war geweckt. Ich musste der Gruppe versprechen, an einem der kommenden Kurstage einen entsprechenden Lesetext mitzubringen. Da heute Fatime, Karimes Tochter, die zu Hause zubereitete Jause vorbeigebracht hat, scheint mir nach der Esspause der richtige Zeitpunkt gekommen, um den Text durchzuarbeiten. Fatime besucht das zweite Jahr die örtliche Handelsschule und kann nicht nur sehr gut Deutsch, sondern neben ihrer Muttersprache Farsi auch ein wenig Arabisch. Hier ist er also, der Text, und Fatime übersetzt ihn für die Gruppe in beide Sprachen:

Wie viele Frauen arbeiten in Österreich?
In Österreich sind 68% aller Frauen und 80% der Männer im Alter von 15 bis 65 Jahren berufstätig. Diese Zahl nennt man die Erwerbstätigenquote. Je höher die Zahl der berufstätigen Frauen, desto gleichberechtigter sind die Frauen in einem Land. Eine Frau, die selbst Geld verdient, ist nicht von einem Mann abhängig. Die meisten Frauen arbeiten in Schweden (70%), die wenigsten in Italien (45%). In der Türkei arbeiten 29% der Frauen und 70% der Männer im Alter von 15 bis 65 Jahren. In vielen österreichischen Familien gehen beide Ehepartner arbeiten, weil alles so teuer ist. Eine Wohnung kostet im Durchschnitt 600 bis 650 Euro pro Monat."

Da es mit der Prozentrechnung bei einigen Alphaleuten ein wenig hapert, habe ich auch ein übersichtliches Schaubild mit den entsprechenden Länderflaggen und Säulendiagrammen mitgebracht, anhand derer meine Alphaleute den Zusammenhang zwischen Frauenerwerbstätigenquote und Gleichberechtigung der Frauen in den genannten Ländern diskutieren können. Sie sind sichtlich beeindruckt. Ich lege ein Schäufelchen nach, indem ich anmerke, wie wichtig es sei, Deutsch zu lernen, um später einen Arbeitsplatz zu finden und ausfüllen zu können. Unser Alphakurs wird ja bald auslaufen, danach streben etliche meiner Alphaleute ihr ÖSD-Zertifikat A1 und einige sogar den Pflichtschulabschluss an.

Vorläufig aber beschäftigt uns noch das Ziehharmonikawort „Frauenerwerbstätigenquote", das es aufzuknacken und in seine Bestandteile zu zerlegen gilt. Die Lerngruppe hat ja bereits die scherzhafte Bekanntschaft mit dem klassischen Donaudampfschifffahrtsgesellschaftskapitän gemacht und kennt die Vorliebe der deutschen Sprache zur Nominalisierung und zur Bildung erstaunlich langer zusammengesetzter Hauptwörter. Wir Deutschsprachigen lieben das Hauptwort, das wir nicht umsonst „Hauptwort" nennen – wir halten es für so wichtig, dass wir es vor lauter Respekt sogar groß schreiben. Also beginnen wir, die Nuss „Frauenerwerbstätigenquote" gemeinsam aufzuknacken. Das Wort „Frau" und dessen Mehrzahlform ist uns bekannt. Was eine Quote ist, ist schnell erklärt – dabei handelt es sich immer um Zahlenangaben. Erwerbstätig sein heißt arbeiten und dafür Geld bekommen. Also ist die Frauenerwerbstätigenquote die Anzahl an Frauen, die arbeiten und dafür Geld bekommen. So weit, so gut. Allerdings ist das Wort durch die Erklärung noch nicht kürzer geworden. Es ist viel zu lange, als dass es sich im Mund beim Aussprechen nicht querlegen und dort verspießen würde. Und auf Papier gedruckt füllt es respektgebietend, ja furchteinflößend fast eine halbe Zeile und versetzt die frisch Alphabetisierten in Panik. Also packen wir den Stier bei den Hörnern, um ihn zu zähmen. Wär' doch gelacht! Ich schreibe das Wort zweifarbig an die Tafel, abwechselnd für jede Silbe einmal die Farbe Weiß und dann die Farbe Gelb wählend. Dann klatschen wir das Monsterwort im Silbentakt und sprechen dazu im Chor. Frau-en-er-werbs-tä-ti-gen-quo-te, Frau-en-er-werbs-tä-ti-gen-quo-te, Frau-en-er-werbs-tä-ti-gen-quo-te … Oft, öfter, und noch einmal. Mit jeder Wiederholung verliert das Wort an Schrecken und wird geläufiger. Als wir es dann silbenweise an der Tafel aufschreiben (pro Person jeweils eine Silbe schön brav hintereinander), ist der Bann endgültig gebrochen. „Nur lang, nicht schwer!", meint Karime abschließend.

V

Meine Alphaleute haben schon viel gelernt und lesen und schreiben schon einigermaßen geläufig. Dennoch gibt es noch zwei Buchstabenfolgen, die zum Verwechseln förmlich einladen – das lange IE und den Zwielaut EI. Also halte ich es für angebracht, in der letzten halben Stunde des heutigen Kursnachmittags diese beiden widerborstigen Buchstabenkombinationen zu wiederholen und zu üben. Wir suchen also aus dem Frauen-erwerbs-tätigenquotentext alle „IES" und „EIS" heraus und ordneten die betreffenden Wörter in zwei Spalten an der Tafel: Wie, viel, arbeiten, gleichberechtigt, verdienen, die meisten, Österreich, Türkei, beide, weil.

Omar liest „wei, veil, arbieten"…, was seine Frau Zarghuna veranlasst, ihm mit dem Ellenbogen einen kräftigen Stoß in die Rippen zu versetzen. „Wien-Wein!", zischt sie, versuchend, ihm auf die Sprünge zu helfen. Ich hole die zugehörigen Schaubilder aus meiner Mappe und halte sie Omar vors Gesicht. Eine Stadtansicht von Wien mit dem Stephansdom und ein Bild mit einem gefüllten Weinglas mit zugehöriger Weinflasche. Anhand dieser beiden Wörter hatten wir versucht, uns den Unterschied zwischen IE und EI bewusst zu machen, das waren sozusagen unsere Meisterwörter. Es gab da auch noch eine Liste mit diversen Gegensatzpaaren wie Reise-Riese, Scheine-Schiene, Brie-Brei, und dem ordinären, aber sehr eindrücklichen Verbpaar schießen und sch … , aber auch sie hatten bei Omar offenbar noch nicht verfangen.

Omar ist mein ältester Kursteilnehmer. Er ist siebzig und Zweitschriftlerner. In Afghanistan hat er in einer Apotheke gearbeitet. Er ist seinem ältesten Sohn nach Österreich gefolgt, hat aber selbst noch eine halbwüchsige Tochter. Es heißt zwar, man solle einen alten Baum nicht verpflanzen, aber Omar scheint diesen Ausspruch zu konterkarieren. Er findet sich gut in seiner neuen Wahlheimat zurecht, macht sichtliche Fortschritte beim Deutschlernen, hat noch nie einen Kurs versäumt und macht penibel seine Hausaufgaben. „U-ien, U-ain" liest er von den beiden Schaubildern ab. „W, nicht U!", fordere ich ein. Das persische Waw ähnelt im Lautwert offenbar eher dem Englischen Double-Ju als dem deutschen W, was ich Omar auch noch nicht erfolgreich habe beibringen können. „U-ain ist sehr gut!", meint Omar mit funkelnden Augen. „Stimmt, Wein ist sehr gut, aber für Muslime ist Wein haram! Wir dürfen, Sie nicht", werfe ich lächelnd ein. Alle meine Alphaleute sind Muslime. Doch am Wein beginnen sich die Geister zu scheiden. Dem edlen Rebensaft in vergorenem Zustand gelingt es, die rigiden Fronten zwischen halal und haram buchstäblich aufzuweichen und verfließen zu lassen. Ein Gläschen in Ehren kann niemand verwehren, wie es so schön heißt, und das zustimmende Nicken meiner Alphaleute zum Satz „Wein ist gut" lässt mich vermuten, dass sie alle insgeheim schon eindeutige Erfahrungen mit dem Konsum von Haram-Wein gemacht haben.

Positiv formuliert, scheint es dem Wein gelungen zu sein, Vorbehalte hinwegzuspülen und seinen Beitrag zur kulturellen Integration unserer Asylwerbenden zu leisten.

Ein weiteres No-Go ist bei strenggläubigen Muslimen der Handschlag zwischen Mann und Frau, der in unserem Kulturkreis nicht nur gang und gäbe, sondern eine conditio sine qua non ist. Die Verweigerung des Handschlages gilt hierzulande eigentlich als grobe Beleidigung. Grund genug, diese Benimmregel in Alphakursen, die ja immer gleichzeitig auch Sprach- und Wertekurse sind, gleich zu Beginn zu thematisieren, unmissverständlich und womöglich in Gegenwart eines Kursdolmetsches. Als ich das Thema im laufenden Kurs erstmals aufs Tapet brachte, sahen mich einige Väter nachdenklich an, sobald ich sagte, es würde keinen guten Eindruck machen, wenn sie nicht bereit wären, der Frau Direktor in der Schule ihrer Kinder die Hand zu geben, so, wie es bei uns üblich sei. Unser jüngster Kursteilnehmer, der einundzwanzigjährige Said, reagierte spontan, indem er, kaum hatte ich ausgesprochen und Fatime alles übersetzt, aufsprang, zu meinem Tisch vorlief und mir demonstrativ die Hand entgegenstreckte. Ab diesem Tag bürgerte es sich ein, dass zu Ende eines jeden Kursnachmittages ausnahmslos alle, Männlein wie Weiblein, sich per Handschlag von mir verabschiedeten. Was mich veranlasste, meinen Alphaleuten auch zu vermitteln, dass es eine gewisse Rangordnung gebe, wer wem den Handschlag anzubieten hat: Immer die Frau dem Mann, die ältere Person der jüngeren, und Vorgesetzte ihren Untergebenen, wie beim Anbieten des Du-Wortes. Ich jedenfalls nehme das abschließende Handshake-Defilee meiner Alphaleute mit großer Freude entgegen.

VI

Die Nachmittagssonne erfüllt durch die straßenseitige, einem großflächigen Auslagenfenster ähnelnde Glasscheibe den Kursraum mit Licht und Wärme. Der Raum ist spürbar aufgeheizt. Ich öffne die Oberlichte, damit wir, wenn auch warme, so doch zumindest frische Atemluft haben. Wir üben noch immer lesend und schreibend Wörter, die die vertrackten Buchstabenfolgen IE und EI enthalten. Zarghuna fächelt sich mit dem Strohhut Kühle zu. Sie trägt nur bei Schlechtwetter ein Kopftuch und zeigt ihre rot gefärbte Haarpracht ungeniert. Ob das laut muslimischer Kleidervorschrift zulässig ist, scheint ihr egal zu sein. Arzu, die in den Pausen manchmal in den Kursvorraum geht, um dort ihr Gebet zu verrichten, nimmt das Kopftuchtragen ernster und verhüllt vorschriftsmäßig ihr Haar. Ich kenne bis heute ihre Haarfarbe nicht. Zarghuna ist zweiundsechzig, Arzu zweiundzwanzig. In ihrem sorgfältig ihr Haar verhüllenden strengen Hijab erinnert mich Arzu an eine Nonne. Sie tupft sich mit ihrem Taschentuch den Schweiß von der Nase. Sie ist Uigurin und über die Türkei nach Österreich geflüchtet. Die Uiguren sind ein Turkvolk. Neun Zehntel aller Uiguren leben in der chinesischen Provinz Xinjiang. Das ist zwar an sich eine autonome Republik, aber die chinesische Regierung steckt Uiguren vermehrt in Umerziehungslager, um sie zur Aufgabe ihrer Sprache und Religion zu zwingen. Nicht verwunderlich also, dass Arzu größten Wert auf ihr Kopftuch legt, mussten ihre Familie und sie doch offenbar darum kämpfen, ihre Religion ausüben zu können.

In meinen sieben Alphakursen habe ich allerdings auch schon einige Kopftücher fallen sehen, insbesondere die Kopftücher jüngerer Frauen und Mädchen, die erfolgreich ins österreichische Schulsystem integriert sind, aber auch die Kopftücher junger

Mütter, deren Töchter Schule oder Kindergarten besuchen. Wenn die Freundinnen kein Kopftuch tragen, legt man es offenbar auch leichter ab. Das Tempo der Assimilierung scheint sich direkt proportional zum Ausmaß des Kontaktes mit der autochthonen Bevölkerung zu verhalten. Dort allerdings hakt es. Für viele meiner Alphaleute scheine ich die einzige Österreicherin zu sein, mit der sie regelmäßigen Kontakt haben.

VII

Es ist fünf Minuten vor Kursende. Ich schreibe vorsichtshalber das Datum und die Beginnzeit des nächsten Kursnachmittags an die Tafel, denn der kommende Freitag ist ein schulfreier Fenstertag, und wir sehen uns erst am darauffolgenden Montag wieder. Es wäre schade, wenn jemand am Freitag umsonst anreist und vor verschlossenen Türen steht! Dann erkläre ich noch die Hausaufgabe – der Text von der Frauenerwerbstätigenquote ist mehrmals laut vorzulesen und mindestens einmal abzuschreiben, wobei alle „IES" und „EIS" einzuringeln sind. Wer mag, kann den Text auch auswendig lernen, was Arzu aller Voraussicht nach auch tun wird.

Meine Alphaleute packen ihre Stifte und Mappen ein und defilieren einzeln an mir vorbei, um mir die Hand zu schütteln. Wir verlassen gemeinsam den Kursraum, und ich sperre die Tür mit dem widerborstigen Schloss ab. Lachend und halblaut miteinander tratschend, verlassen meine Schützlinge den Innenhof durch das schattige Gewölbe des Zuganges. Am obersten Ast der der Eibe sitzt die Amsel und schmettert frohgemut ihr Liedchen. Schwer zu sagen, ob noch immer oder schon wieder.

VIII

An dieser Stelle sei mir noch ein kleines Nachwort zur Schilderung meiner persönlichen Erfahrungen als Alphatrainerin im Bereich der Integration von Geflüchteten gestattet. Wie es so schön heißt, ist Gesundheit das höchste Gut. Das gilt nicht nur für Einzelpersonen, sondern auch für Gruppen, Kollektive und Staaten, und bezieht sich nicht nur auf die Leiblichkeit, sondern auch auf die psychische Verfasstheit. Seelisch geht es uns vor allem dann gut, wenn wir menschlich und wertschätzend miteinander umgehen und zusammenarbeiten. Die Fähigkeit zur Zusammenarbeit war es auch, die die Spezies Homo sapiens evolutionär so erfolgreich sein ließ.

Weiters heißt es, der Mensch sei das Maß aller Dinge. Hybris ist dabei aber nicht angebracht. Der Mensch sieht sich stolz als die Krone der Schöpfung und ist alles andere als zimperlich, wenn es gilt, sich die Erde untertan zu machen. Dabei vergisst er, dass er selbst ein eher rezentes Produkt der Evolution ist. Wenn man nämlich die 4,6 Milliarden Jahre, seit denen die Erde existiert, auf 46 Jahre herunterbricht, um diese Zahl leichter vorstellbar zu machen, so gibt es die Menschheit erst seit vergleichsweise vier Stunden. Die erste industrielle Revolution hat vor einer Minute begonnen, und in dieser Zeit haben wir die Hälfte aller Wälder zerstört. Von Nachhaltigkeit keine Spur. Da nützt es auch nichts, sich vorzumachen, bis jetzt sei alles gut gegangen. Das ist die unangebrachte Hybris der in der Evolution Erfolgreichen, die so töricht ist wie die Annahme, man könne den Sturz von einem hundertstöckigen Wolkenkratzer überleben, nur weil man die ersten fünfzig Stockwerke unbeschadet passiert hat. Der Mensch bleibt ein Teil der Natur und ist somit nach wie vor von dieser Natur abhängig.

Und es heißt zusammenrücken. Im Jahr 2019 hatte die Welt rund 8 Milliarden Einwohner. Damit hat sich die Erdbevölkerung seit 1950 mehr als verdreifacht. Umwelt und Wirtschaft geraten mehr und mehr aus dem Gleichgewicht, Kriege, Not und Klimawandel bedingen erhebliche Migrationsbewegungen. Menschen aus unterschiedlichen Kulturkreisen und Ethnien treffen aufeinander. In diesen Unterschieden wird vielfach eine Bedrohung gesehen, und es erhebt sich der vernunftwidrige Wunsch nach Abschottung und Mauerbau, wo es zielführender wäre, zusammenzurücken und zusammenzuhalten, um die anstehenden planetaren Probleme gemeinsam zu lösen. Es gilt also, die Angst vor dem Fremden durch gegenseitiges Kennenlernen auszuräumen und der Tendenz zur Entwicklung einer kollektiven Sozialphobie Einhalt zu gebieten. Man kann und soll voneinander lernen.

Es heißt weiters, Angst ist ein schlechter Berater. Wie werden wir unsere Ängste am besten los? Phobien sind Angststörungen, die vielfach auf negativen Erfahrungen, Prägungen und Denkmustern beruhen. Das gilt auch für die momentan weit verbreitete Xenophobie, die Angst vor Fremdem und den Fremden. Diese unseligen Denkmuster müssen aufgebrochen werden, indem man sie ins Bewusstsein holt, und auch Ängsten begegnet man am besten, indem man sich ihnen bewusst stellt. Schon Freud forderte, dass sich Phobiker ihren Ängsten stellen müssen, um sie bewältigen zu können, wobei er aus eigener Erfahrung sprach – er selbst hatte seine Ängste durch Konfrontationen zu überwinden gelernt. Betroffene müssen sich auch der Tatsache bewusst werden, dass Machthaber ihre manifesten und unterschwelligen Ängste ausnutzen, um sie zu manipulieren. So lenken Populisten von bestehenden Problemen und der eigenen Unfähigkeit, diese zu lösen, ab und leiten die Volkswut auf an sich unbeteiligte

Sündenböcke in Gestalt der „Fremden" um. Nora Räthzel bezeichnete dieses Phänomen der umgelenkten Volkswut als rebellierende Selbstunterwerfung. Dabei richtet sich der Protest nicht gegen die eigentlichen Problemverursacher, sondern gegen unbeteiligte Dritte. Diese Ersatzhandlung resultiert schließlich in der Unterwerfung unter die Zustände, die es eigentlich zu ändern gälte. Das Fremde ist nicht mehr fremd, nachdem man es einmal kennengelernt hat. Wer Vielfalt als Lernchance sieht, anstatt sie abzulehnen, eröffnet sich neue Lösungswege. Probleme haben wir ja nun wirklich genug. Zeit, dass wir lernen, sie gemeinsam zu lösen.

25. Der Weg, die Wahrheit und das Leben

Ich habe viele Namen, obwohl Namen für mich eigentlich ohne Bedeutung sind. Ich bin, war schon immer und werde immer sein. Ich bin ewig und überall, zugleich innerhalb und außerhalb von Raum und Zeit, denn Zeit und Raum umschreiben mich nicht. Ich weiß und vermag alles. Ich *bin* alles, und aus mir *kommt* alles. Ich bin die Kraft, die stets bejaht. Ich erschaffe, wo andere zerstören. Ich bin die lebendige Synthese aus Geist und Materie. Ich bin Einfachheit und höchste Komplexität zugleich. Ich bin zugleich Teil und Ganzes. Ich bin der stete Fluss, in dem alle Gegensätze zeitgleich existieren und sich auflösen können. Mir ist nichts unmöglich.

Ich bin, war schon immer und werde immer sein. Ich wachse und verändere mich. Ich liebe es, mich und alles, was aus mir erwächst, zu verbessern, zu verändern, weiterzuentwickeln. Es gibt niemanden, der neugieriger wäre als ich.

Ich liebe das Experiment und lasse nichts unversucht. Das „Was wäre, wenn…" ist mir, der ich außerhalb der Zeit und über die Zeit hinaus existiere, der liebste Zeitvertreib. Obwohl allwissend, ist mein Forschergeist unersättlich, jede neue Antwort gebiert augenblicklich eine Vielzahl an neuen Fragen, die es zu lösen gilt.

Ich liebe die Freiheit und gewähre Freiheit. Nur Freiheit ermöglicht echtes Entscheiden, und nur echtes Entscheiden ist moralisch verdienstvoll. Grenzenlos wie ich bin, verabscheue ich von außen auferlegte Grenzsetzungen. Ich will, dass meine Geschöpfe, die alle ein Teil von mir sind, sich ihre Grenzen selber setzen und, soweit diese Grenzen ihre Mitwesen betreffen, sich die Spielregeln des Miteinander ehrlich und weise ausverhandeln und bei Bedarf nachjustieren. Festgeschriebenes, Unveränderliches und jegliche Doktrin sind bloße Illusion, da alles im Fluss ist und im Fluss bleibt. Nichts außer mir ist bleibend, und auch ich verändere und entwickle mich unaufhörlich.

Ich bin zugleich Teil und Ganzes. Alles, was aus mir entsteht, kehrt in mich zurück, wenn es ausgelebt hat. So löst sich in mir selbst die Endlichkeit meiner Geschöpfe auf. Jedes STIRB wird in mir und durch mich zum WERDE. Der Strom des Lebens bleibt in stetem Fluss, Generation nach Generation evolviert höher und höher, so sie sich an die selbstgewählten Spielregeln hält und den großen Zusammenhang alles Lebendigen bewusst macht.

Da ich selbst die Freiheit liebe und sie auch meinen Geschöpfen gewähre, begeben sich diese meine Geschöpfe oft auch auf Irrwege, weil sie meinen, es wären Königswege zum Glück. Errare humanum est, irren ist menschlich. Auch ich, der ich über den von mir geschaffenen Menschen stehe, lerne ja durch Versuch und Irrtum. Irrtum ist ein Weg von vielen, der sich im Laufe der Zeit eben als ungeeignet erweist. Solange man bereit ist, aus Fehlern zu lernen und andere, bessere Wege einzuschlagen, steht der Weiterentwicklung in eine bessere Richtung nichts im Wege.

Ja, der Mensch. Die Krone der Schöpfung, wie ebendieser Mensch gern von sich behauptet. In allen Mythen und Religionen, die der Mensch erdacht hat, benennt er mich als Ursprung, von dem er abstammt, und sich selbst als das Beste, das ich je geschaffen hätte. Hätte, nicht habe. Denn der Mensch vergisst nur allzuleicht, dass er nur Teil des Ganzen ist und als solches eben zeitlich und räumlich begrenzt. Wer im Ego gefangen bleibt und nicht den Weg zum Wir findet, wird aber das große Ganze nicht erfassen, in dem alles zusammenfließt und in dem sich alles aufs Beste zusammenfügt. Das Beste ist also nicht der Mensch, sondern das große Ganze, dessen Teil er ist, also ICH – samt allem, was mit und in mir ist oder aus mir und durch mich geworden ist und noch werden wird.

Bei seinen Wanderungen im Hier und Jetzt schlägt der von mir geschaffene freie Mensch zuweilen Irrwege ein, unterliegt Irrtümern und tut Dinge, die bei näherer Betrachtung an Irrsinn gemahnen, alles, weil er die wahren, die wesentlichen Zusammenhänge nicht erkennt. Und das, obwohl ich immer wieder versucht habe nachzuhelfen, indem ich mich ihm explizit offenbare. Was von einigen Übereifrigen dann in Steintafeln mit Geboten gehauen oder in sogenannten Heiligen Schriften als verbindlich niedergeschrieben wurde. In der Folge fanden sich dann immer weitere allzu Eifrige, die rasend schnell zu Eiferern mutierten und darauf bestanden, dass all diese Gebote und Verbindlichkeiten auf Punkt und Komma einzuhalten seien, wodurch sie der Freiheit den Garaus machten, deren es bedarf, das große, in stetem Fluss befindliche Ganze zu erkennen. Allwissend ist aber nur der, der um dieses Ganze und dieses ewige Fließen weiß.

Dass sie zu wenig wussten und wissen, war und ist nur den Weisesten bewusst. Dem Salz der Erde also. Wie beispielsweise Sokrates, der von sich sagte, er wisse, dass er ein Nichtwissender sei, was die wesentliche Natur der Dinge beträfe. Scio me nescire, hat ihn später Cicero sinngemäß zitiert. Andere hielten sich an das „fundamentum inconcussum", das unerschütterliche Fundament der menschlichen Denkfähigkeit, wie Descartes, dem es gelang, nach quälenden Zweifeln an der eigenen Erkenntnisfähigkeit von ebendieser seine Existenz abzuleiten, indem er feststellte: „Ich denke, also bin ich." Cogito, ergo sum. Kant begriff neben der kritischen Vernunft auch noch die sinnliche Wahrnehmung als gleichberechtigte Erkenntnisquelle. „Wage zu wissen!" forderte er seine Mitmenschen auf. Sapere aude! Nur wer wagt zu wissen, kann sich aus selbstverschuldeter Unmündigkeit befreien. Dieses Hinterfragen und Revidieren muss prozesshaft bleiben, denn auch hier ist der Weg das Ziel. Nur, wer ständig strebend sich bemüht, findet Erlösung, wie der Dichter Goethe bemerkte, den Augenblick kann man nicht festschreiben, ohne sein eigenes Seelenheil zu riskieren. Nix ist fix, alles ist im Fließen, im Werden, im Wachsen, im Umbruch.

Wenn man die Dinge aus ihrem Zusammenhang reißt und sich gleichzeitig zu sehr auf sie fixiert, gerät vieles aus dem Gleichgewicht, ja, verkehrt sich zuweilen ins genaue Gegenteil dessen, was man eigentlich anstrebt. So sind auf der Suche nach Gott schon viele bei bloßen Abgöttern angelangt und dem Götzendienst verfallen. König Midas äußerte den törichten Wunsch, das ihm alles, was er berührte, zu Gold werden sollte. Dass ihm der Wunsch erfüllt wurde, verurteilte ihn schließlich zum Verhungern bei vollen Tellern, da ihm jeder Bissen im Mund zum Goldklumpen wurde, und Gold kann man bekanntlicher Weise nicht fressen. Jedermann schließlich musste erfahren, dass auch Reichtum nicht unsterblich macht. Musste erfahren, dass es vor allem ums Sein geht und nicht so sehr ums Haben. Zu spät erinnerte er sich an den Bibelspruch, dass eher ein Kamel durch ein Nadelöhr geht als ein Reicher ins

Himmelsreich. Die ewige Seligkeit will eben verdient sein und kann nicht einfach erkauft werden.

Auf einen tragischen Irrweg geraten auch diejenigen, die in übertriebener Selbstverliebtheit ausschließlich dem Dienst am Ich frönen und darüber das so wichtige mitmenschliche Wir vergessen. Ichsucht macht blind für das Wesentliche. Ichsucht bedeutet Selbstausgrenzung aus dem großen kosmischen Ganzen. Wo jeder nur sich selbst der Nächste ist, stirbt die Nächstenliebe und mit ihr die wahre Menschlichkeit. Ichsucht ist eine Sucht, die sich – wie jede Sucht – letztendlich weder befriedigen noch stillen lässt. Damit verbauen sich von ihr Befallene letztendlich auch den Weg zum Glücklichsein.

So viel zum bunten Garten menschlicher Befindlichkeiten und menschlicher Irrwege, die ich, obwohl nicht gewollt, letztendlich wohl auch mitzuverantworten habe, weil ich den Menschen Willensfreiheit gewähre, da sie ja ein Teil von mir sind und ich Willensfreiheit auch für mich selbst beanspruche. Wenn die Menschen (oder zumindest ein Teil von ihnen) ihre Irrwege (oder zumindest einen Teil davon) erkennen, fürchten sie meine Strafe. Ich aber strafe nicht. Sintflut, Pest und Kometeneinschläge hat man mir zu Unrecht zugeschrieben. Nichtwissen schützt vor Strafe nicht, nein, es zieht die Strafe nach sich. Irrwege tragen die Strafe in sich selbst. Wissen ist Macht, und Unwissenheit ist Ohnmacht. Wer nicht wagt zu wissen, entmündigt sich selbst. Auch dass ich Adam und Eva im Paradies verboten haben soll, vom Baum der Erkenntnis zu essen, haben mir die Menschen angedichtet. Im Gegenteil, mein oberstes Gebot, das aber in keine Steintafel gemeißelt steht, lautet: „Du sollst wissen wollen." Die Todsünden der Menschen sind Unbelehrbarkeit und bewusste

Wahrheitsverdrehung, ihre Kardinaltugenden sind Wissensdurst und Wahrheitssuche.

Wer im Glashaus sitzt, soll nicht mit Steinen werfen, heißt es. Und wer frei von Schuld ist, der werfe den ersten Stein. Auch ich bekenne mich schuldig, deswegen liegt es mir fern, zu verurteilen. Meine Schuld besteht darin, zugleich das Ganze und dessen Einzelteile zu sein. Mein Schöpfungsakt dauert an, ist in stetem Fluss und besteht in meiner wiederholten Disintegration in Einzelteile, die ins Leben treten, es vollenden und danach wieder in mich zurückkehren. Das ist mein ureigenstes Wesen. Auch, wenn sich die Einzelteile auf ihrem Lebensweg beschädigen und verletzen, so kehren sie doch in mich zurück und finden in mir Heilung und Vergebung, auf dass sie erneut und gewandelt wieder ins Leben treten können.

Ich bin die Ganzheit aller meiner Teile. Vor mir, vor allen meinen Teilen, vor allem, was da kreucht und fleucht – vom instinktgesteuerten Käferchen bis zum klarsichtigen Vordenker – vor uns allen liegt noch ein langer, weiter Weg, und der Weg ist das Ziel, dem wir uns beständig annähern, ohne es jemals zu erreichen. Ich aber bin dieser Weg.

Ich bin der Weg, die Wahrheit und das Leben.

Ich bin die Wahrheit und der Weg zur Wahrheit, die sich immer klarer abzeichnet.

Ich bin das Leben. Alles Leben ist heilig und schreitet in seiner Heiligkeit beständig fort auf dem Weg zur Wahrheit.

Franziska Bauer
Motto:
Was man ernst meint,
sagt man am besten
im Spaß
(Wilhelm Busch)

Geboren 1951 in Güssing,
wohnhaft in Großhöflein bei Eisenstadt, Burgenland

Beruflicher und künstlerischer Werdegang:
Studium der Russistik und Anglistik an der Universität Wien, pensionierte Gymnasiallehrerin, Schulbuchautorin beim E. Weber Verlag, schreibt und übersetzt Lyrik, verfasst Essays und Kurzgeschichten für Zeitschriften und Anthologien, Autorin beim Münchener Apollon Tempel Verlag, Gewinnerin des 10. Bad Godesberger Literaturpreises.
Mitglied beim Verein ::kunst – projekte::
//www.galeriestudio38.at/Franziska-Bauer
Youtube-Kanal:
https://www.youtube.com/channel/UC5pC-XIT48NhDDWbeTSSXxA
Facebookseite:
https://www.facebook.com/franziska.bauer.56211

Gabriele Bina
Motto:
Höre zu! Vernimm die stummen Worte.
Fühle die Gedanken und löse sie auf. Spüre, dann bist du eins mit Dir!

Geboren 1956, Lebensmittelpunkt Wien,
Malerin und Grafikerin

Beruflicher und künstlerischer Hintergrund:
Ausbildung zur Textildesignerin, in späteren Jahren Ausbildungen zur diplomierten SeniorInnenfachkraft und zur Klangschalenergetikerin, ab 1978 Ausstellungen im In- und Ausland. Verwendet Aquarell, Acryl, Pastellfarben, Tusche, Bleistift, Filzstift und artfremde Materialien für ihre farbenprächrigen gegenständlichen Arbeiten und abstrahierten Werke.

Mitgliedschaft bei der „Berufsvereinigung der bildenden Künstler Österreichs"
Bilder auf https://kunstzurecht.at/bina-gabriele/
Facebookseite:
https://www.facebook.com/ga.bina.50

Anna Freudenthaler

**Motto:
Das Fantastische
mit dem Realen
verschmelzen lassen**

Geboren 1972 in Moskau, wohnt in Würnitz, Niederösterreich; Architektin, Malerin und Grafikerin, Figurativ-ornamentale Tinten-zeichnungen in Schwarz-Weiß mit spärlichen farblichen Einsprengungen

Beruflicher und künstlerischer Hintergrund:
Studium am Moskauer Architekturinstitut, Nostrifizierung des Diploms an der TU Wien, Designerin, Graphikerin, weltweite Einzel- und Gruppenaustellungen. Seit 1998 Zusammenarbeit mit dem Architekturbüro „arch.eu" Moskau/Wien, Lehrerin beim Verein Begabtes Kind in Wien, Mitglied beim Verein :: kunst-projekte ::
https://www.galeriestudio38.at/19813/die-kuenstler-a-g/freudenthaler-anna
Private Homepage: http://www.freudenthaler-art.com
Facebook:
https://www.facebook.com/profile.php?id=100062545676056

Elena TERZIYSKA, bekannt als Eleis.
Motto: „Meine Auszeit ist die Kunst. Die beste Methode, meine Gedanken zu ordnen und emotionales Gleichgewicht zu finden."

Geboren am 08. November 1979 in Bulgarien, Plovdiv; lebt seit 2008 in Wien, arbeitet als Buchhalterin, malt seit frühster Kindheit

Beruflicher und künstlerischer Werdegang:
Ausbildung in der Fachrichtung Modellieren und Konstruieren von Ledergalanterie-Erzeugnissen, professionelle Malerin seit 2015, zahlreiche Einzel- und Gruppenausstellungen sowie Wettbewerbsteilnahmen. Ausbildung bei Peter Belyashki, Mag.ª Nina Binder, Mag. Markus Stiehl, Georgi Petrov, Mag.ª Claudia Antonius, Studium an der Akademie der bildenden Künste Wien bei Prof. Brauer.
Mitgliedschaft bei: Art-Work Kunst & Design, http://www.art-work.co.at/ und TraunART, https://traunart.jimdofree.com/
Persönliche Homepage: https://eleis.at
Facebook: https://www.facebook.com/terziyskaelena

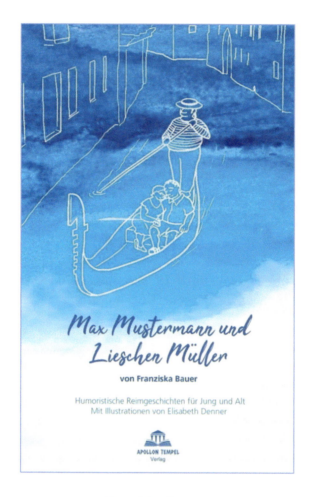

Franziska Bauer,
Max Mustermann und Lieschen Müller,
München 2018, Apollon Tempel Verlag,
ISBN 978-3981876840, € 15,90

Erhältlich im Buchhandel und bei:
https://www.apollontempelverlag.com/shop/bücher

Franziska Bauer und Mary Nikolska:
Wiedersehen mit Max und Liese, Verse, teils heiter, teils ernst
ins Russische übersetzt von Mary Nikolska, mit Illustrationen
von Elisabeth Denner, Leobersdorf 2021,
ISBN 978-3-85253-691-0, € 18,-

Erhältlich im Buchhandel und bei:
https://shop.eweber.at/Wiedersehen-mit-Max-und-Liese.html
https://www.apollontempelverlag.com/shop/bücher/#cc-m-product-14443616933

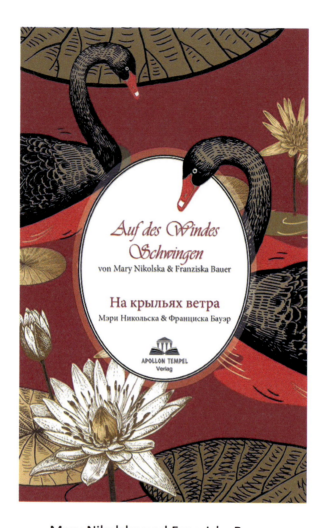

Mary Nikolska und Franziska Bauer,
Auf des Windes Schwingen, München 2019, Apollon Tempel Verlag, Illustrationen von Elisabeth Denner, ISBN 978-3981876888, €16,90

Erhältlich im Buchhandel und bei:
https://www.apollontempelverlag.com/shop/bücher

Franziska Bauer & Mary Nikolska, *Durch Jahr und Tag*
Illustrierte Gedichtsammlung in zwei Sprachen
Druck: Dataform Media GmbH, Großebersdorf
© 2022 Franziska Bauer, Vertrieb: W.Weber Verlag,
www.eweber.at, ISBN 978-3-85253-717-7, € 25,90

Abbildungsverzeichnis

Mehrmals verwendete Platzhalterzeichen:

Platzhalterzeichen Seitenende:

https://pixabay.com/de/vectors/teiler-separator-linie-kunst-5952477/ (GDJ)

Platzhalterzeichen Leerseite:

https://pixabay.com/de/vectors/keltisch-stammes-knoten-symbol-294389/(Clker)

Märchen:

Seite 6: Gabriele Bina 2022
1. Das Märchen vom Anders-Sein-Dürfen

Seite 14:
https://pixabay.com/vectors/crocodile-alligator-line-art-4331644/ (GDJ), bearbeitet
2. Das Märchen von Prinzessin Rotschopf und Junker Frohgemuth oder wie ein Junker zum Prinzen wurde

Seite 22: Elena Terzyjska – Pferdeporträt
3. Das Märchen vom Glücklichsein

Seite 30: Franziska Bauer – Collage
4. Das Märchen vom Fisch, der einen Berg bestieg

Seite 36: Anna Freudenthaler 2022
5. Das Märchen von Reisen und Zuhausebleiben

Seite 40: Gabriele Bina – Friedensengel
6. Das Märchen vom letzten Hemd

Seite 44: Anna Freudenthaler – Scary Tale – 2021
7. Das Märchen von der überschießenden Liebe zum Turmbau

Seite 48:
https://pixabay.com/de/vectors/rosen-blumen-linie-kunst-dekorativ-5130420/(GDJ)
8. Das Märchen von der schönsten Rose

Seite 54: Franziska Bauer – Collage
9. Das Märchen von den drei Wünschen

Seite 58:
https://www.etsy.com/at/ (Silbermesser)
10. Poem vom Messer mit dem Silbergriff

Erzählungen

Seite 64:
https://pixabay.com/de/vectors/bienen-blumen-linie-kunst-dekorativ-5714037/(GDJ)
1. Kathi und die Königin

Seite 68:
https://www.ebay-kleinanzeigen.de
2. Der Zimmerahorn

Seite 74: Elena Terzyiska 2022
3. Das Wunderei

Seite 78:
https://pixabay.com/de/vectors/blumen-blühen-dekorativ-hase-tier-1801294/ (GDJ)
4. Osterhase abzugeben

Seite 82:
https://www.popsugar.co.uk/home/photo-gallery/46775872/image/46775871/National-Tree-Co-2-Foot-Crestwood-Small-Spruce-Pre-Lit-Christmas-Tree
5. Paulchen und der Weihnachtsbaum

Seite 88:
https://pixabay.com/de/vectors/ziegenbock-ziege-tier-42194 (bearbeitet)
6. Lohnender Umweg

Seite 92: Gabriele Bina 2022
7. Ebenholz und Elfenbein

Seite 96: Elena Terziyska – Malendes Mädchen 2022
8. Geschichte von der Hexe, die keine war

Seite 102: Elena Terzyiska: Der Herbst ist schön
9. Feldspat, Quarz und Glimmer

Seite 108: Gabriele Bina – Frieden
10. Alpha und Omega

Seite 115: Cupido
https://pixabay.com/de/vectors/amor-engel-linie-kunst-valentinstag-5782975/ (GDJ)

Seite 116: Grabkreuz
https://pixabay.com/de/illustrations/grab-tod-alt-schrecklich-überreste-2104025/(Felix Mittermeier)
11. Post molestam senectutem

Seite 124:
https://pixabay.com/de/illustrations/mann-frau-figuren-mann-und-frau-1471459/(SilviaP_Design)
12. Das Duell

Seite 132:
https://pixabay.com/de/vectors/kind-fee-silhouette-magie-fee-5351449/(AnnaliseArt), bearbeitet
13. Tussastop

Seite 136:
https://pixabay.com/vectors/mars-ares-graces-ancient-greece-6522587/ (GDJ)
14. Dreamteam

Seite 142:
https://pixabay.com/de/illustrations/schlucht-fluss-klippen-berg-island-5983892/ (Artie_Navarre)
15. Tinnitus

Seite 148: Gabriele Bina – Herbst-Zeitlose
16. Wer nicht hören will

Seite 152:
https://pixabay.com/de/vectors/loch-hintergrund-geometrisch-3d-4d-4648629/ (GDJ)
17. Da Capo

Seite 156:
https://pixabay.com/de/photos/pegasus-pferd-sterne-wolken-flügel-6171703/ (AndreyC) – bearbeitet
18. Schon welkt dein Herbst dem Alter zu

Seite 171: Baum
https://pixabay.com/de/vectors/dekorativ-blumen-blühen-pflanze-1298149/ (OpenClipart-Vectors)

Seite 172: Anna Freudenthaler – My dragons 2021
19. Belladonna

Seite 184: Gabriele Bina – Schattenlicht
20. Wer sich die Musik erkiest

Seite 194:
https://pixabay.com/de/illustrations/farbstiftzeichnung-spatzen-blüte-6130280/ (Ducklane)
21. Spazza

Seite 200:
https://pixabay.com/de/vectors/wolf-tier-raubtier-abstrakt-7038221/ (GDJ)
22. Wolfsichtung

Seite 210:
https://pixabay.com/de/vectors/feder-vogel-abstrakt-geometrisch-7038229/(GDJ)
23. Amena ist ein schöner Name

Seite 216:
https://shop.eweber.at/sag-wie-geht-das-alphabet-lese-und-schreiblehrgang-fuer-kinder-mit-geringen-deutschkenntnissen.html
24. Alphakurs

Seite 232:
https://pixabay.com/de/vectors/wald-weg-natur-abstrakt-wandern-4488425/ (prettysleepy1)
25. Der Weg, die Wahrheit und das Leben

Auflistung der Erstveröffentlichung:

Märchen

1. Das Märchen vom Anders-Sein-Dürfen, Anthologie *Die bunte Märchentraube*, S. 129 ff, Carow-Verlag, Müncheberg 2019, ISBN 978-3944873442, € 18,-

2. Das Märchen von Prinzessin Rotschopf, Anthologie *Frauen schreiben wundervoll* (lila Band 2), S.87 ff, München 2017, Apollon Tempel Verlag, ISBN 978-3-9818768-2-6, € 19,90

3. Das Märchen vom Glücklichsein, Anthologie *Frühlingserwachen im Märchenland*, Textgemeinschaft Carola Käpernick, Januar 2020, S.13 ff, Druck: epubli, ISBN 9783750266414, € 12,99

5. Das Märchen vom Reisen und Zuhausebleiben, in: Anthologie *Hast du noch nie ein Nasefant gesehen?* S. 79 ff., Hg. Petra Pohlmann, Juni 2021, Pohlmann Verlag, Bad Laer, ISBN 978-3-948552-14-5, € 20,50

8. Das Märchen von der schönsten Rose, in: Märchenland und Zauberwald/Literaturmagazin/Ausgabe 2, S. 60 ff., Apollon Tempel verlag, März 2022, ISBN: 9783982342726, € 7,90

9. Das Märchen von den drei Wünschen, in: Anthologie *Märchenland und Zauberwald*, S. 10 ff, München 2019, Apollon Tempel Verlag, ISBN 978-3981876895, € 21,90

10. Poem vom Messer mit dem Silbergriff, Anthologie *Märchenland und Zauberwald,* S. 74 ff., München 2019, Apollon Tempel Verlag, ISBN 978-3981876895, € 21,90

Erzählungen

1. Kathi und die Königin, Anthologie *Das Lachen des Schmetterlings*, S.19-20, Papierfresserchen MTM-Verlag, Lindau 2018, ISBN- 978-3-86196-610-4, €11,50

2. Der Zimmerahorn, In: *Wo die wilden Geister wohnen* Bd. 2, S.127 ff, Hrsg. Martina Meier, Langenargen 2020, MTM-Verlag, ISBN: 978-3-86196-949-5, € 12,90;

3. Das Wunderei, in: *Wie aus dem Ei gepellt, Band 7,* Martina Meier (Hrsg.), MTM-Verlag, Langenargen 2021, S. 114 ff, ISBN: 978-3-96074-410-8,

4. Osterhase abzugeben, in: ***Anthologie Wie aus dem Ei gepellt,*** Band 6, Martina Meier (Hrsg.), Taschenbuch, 290 Seiten, S.135-136, Papierfresserchens MTM-Verlag, ISBN: 978-3-86196-941-9, € 12,90

5. Paulchen und der Weihnachtsbaum, in: Anthologie ***Wünsch dich ins Wunderweihnachtsland***, S.142 ff, Papierfresserchen MTM-Verlag, Langenargen 2019, ISBN 978-3-86196-892-4, € 12,30

7. Ebenholz und Elfenbein in: Anthologie ***Rette sich, wer kann? Der kleine Alltag des Widerstands in Gedichten, Geschichten und Berichten***, Hrsg. Cornelia Eichner, Alfred Büngen, Gunnar Evang und Holger Evang-Lorenz,Geest-Verlag, Vechta 2021, ISBN 978-3-86685-790-2,436 S., 14,80 Euro

8. Geschichte von der Hexe, die keine war, Anthologie ***Gute Nacht, Marie,*** S. 96 ff, AWO Berlin 2018, keine ISBN, € 14,95, zu bestellen bei https://www.awo-nemus.de/?fbclid=IwAR1G5KL4esZrdErgX-m7GStcQkFaWO0fUf0cY59zalUGXl0FaZY-tULQKz4

9. Feldspat, Quarz und Glimmer, in: ***Vergänglich wie Stein,*** Wettbewerbsanthologie des 1. PERGamenta-Literaturpreises, Perg 2015, © Stadtgemeinde Perg, ISBN 978-3-200-04328-2, Pergamenta 2016

10. Alpha und Omega, in: ***Veilchen***, 74. Ausgabe, Juli 2021 S. 14-17

11. Post molestam senectutem: 5. Anthologie ***Schmerzlos –***

Literatur in kleinen Happen, E-Book, ISBN 978-395 667 3092, € 9,90; https://www.cluewriting.de/autoren/autorin-franziska-bauer/

13. Tussastop , 1. Anthologie Kurzgeschichtenwettbewerb 2017, **Rausch**, S.27 ff, Literareon im Herbert Utz-Verlag, ISBN- 9783-8316-2039-5, € 12,40

15. Tinnitus, in: Liegener, Christoph-Maria, **3. Bubenreuther Literaturwettbewerb 2017**, tredition, ASIN: B01MQ2EMHO, ISBN 978-3-7439-7037-3, € 25,99

17. Da Capo, in: **Veilchen**, 77. Ausgabe, April 2022, S. 6-7

19. Belladonna, in: Literaturzeitschrift **Pappelblatt 21/2022**, S. 21 ff.

20. Wer sich die Musik erkiest, in: **SCHREIBTISCH. Literarisches Journal**, Ausgabe 2021, S.74 ff. Hg. Karina Lotz, Verlag edition federleicht, Frankfurt 2021,ISBN 978-3-946112-75-4, € 14,-

21. Spazza, in: **respekTiere**,Tiergeschichten für Kinder, S. 95 - 100, Hg. Christoph Grimm, 2020 Norderstedt, Books on Demand, ISBN: 978-3-7519-7312-0, € 10,-

23. Amena ist ein schöner Name, Feuilletonmagazin **Schreibkraft, Heft32/2018, durchlesen**, S. 17ff, Graz 2018, ISBN 978-3-902106-27-8, € 6,-